天才孩子的教育

刘英杰 编

改变孩子命运的学习方法

黄河水利出版社
·郑州·

图书在版编目(CIP)数据

改变孩子命运的学习方法/刘英杰编.—郑州:黄河水利出版社,2016.10 (2021.8 重印)
(天才孩子的教育)
ISBN 978-7-5509-1501-5

Ⅰ.①改… Ⅱ.①刘… Ⅲ.①学习方法-青少年读物 Ⅳ.①G791-49

中国版本图书馆CIP数据核字(2016)第175343号

出版发行:黄河水利出版社
社　　址:河南省郑州市顺河路黄委会综合楼14层
电　　话:0371-66026940　　　邮政编码:450003
网　　址:http://www.yrcp.com

印　　刷:三河市人民印务有限公司
开　　本:710mm × 1000mm　1/16
印　　张:12.5
字　　数:170千字
版　　次:2016年10月第1版　　2021年8月第3次印刷
定　　价:39.90元

目　录

一、学习要有方法

二、预习法

三、听课法

四、复习应试法

五、提问法

六、阅读法

七、解题法

八、记忆法

九、注意力

十、让孩子在玩中学

一、学习要有方法

中国有句古话叫“授人以鱼不如授人以渔”，意思是说传授给人既有知识，不如传授给人学习知识的方法。道理其实很简单，鱼是目的，钓鱼是手段，一条鱼能解一时之饥，却不能解长久之饥，如果想永远有鱼吃，那就要学会钓鱼的方法。教育不仅仅是传道受业解惑，更重要的是教会学生学习的方法，培养他们掌握知识和技能的能力。

孩子有方法，才能学习好

这里所说的“方法”，指的是学习方法。

近些年来，人们对学习方法越来越重视了。教师开始研究学法，有的甚至提出学法决定教法，有的学校还开了学法课程，课外还有一些学法培训班。这是教育上的一种进步。

不过这些学法的指导，几乎都是一切的。当它提倡某种学习方法的时候，就只说它的好处，对谁都有好处，对谁都适用，用了准灵。

还有些人把学习搞成某种模式，几个环节，几个步骤，据说人人都必须这样学习，否则成绩好不了。

还有些人总结了一些高分生、状元生的学习方法向大家推荐。家长想：人家用这样的学习方法把孩子送进了清华大学，我用同样的方法，我的孩子当然也能进清华大学。

有没有这样一种灵丹妙药式的学习方法呢？

没有！孩子与孩子不一样。有的用这种学习方法灵，有的用那种学习方

法灵，所以要因材施教。比如说记忆。有的孩子听一遍记得清楚，有的孩子看一遍记得清楚，有的孩子念一遍记得清楚，有的孩子写一遍记得清楚，有的孩子说一遍记得清楚，有的孩子和别人讨论一下记得最清楚。还有的孩子用笔在纸上画各种图和符号，别人看不明白，他自己却觉得这样记得最清楚。

曾有一个孩子，把该记的东西编在流行歌曲里唱着记，效果很好，情绪也不错，这种办法要推广，肯定会有人说是“半疯”。再比如学习的姿势。有的孩子喜欢正襟危坐，你让他姿势随便一点，他就不舒服。还有的孩子正相反，老是动弹，好像身上爬着虫子，屁股下有着钉子似的。一般教师会很反感这种学生，因为你从讲台看下去，他们实在是“闹心”。于是你就批评他，你就怀疑他“多动症”。可是你会发现他对批评虚心接受，但坚决不改，或者改一小会儿，马上就恢复原状。为什么?因为他就是这种人。若遇见一个厉害的老师，真把他管服了，坐得笔直，这其实更失败，因为他脑子不转了，学习效果反而不好。有些人就是要一边动一边学习的，不动反而不正常。再比如预习，很多讲学习方法的人都提倡预习，还有人甚至认为这是一个不可缺少的学习环节。我看不一定。有不少学习成绩非常优秀的孩子是从来不预习的。有些孩子对首次听到看到的东西印象特别深，第二次听到看到就觉得没有意思了。这种孩子就不适合预习，预习破坏了他的新鲜感。还有一个孩子，他总是第二遍学习的时候记得清楚、理解得好。仔细一研究，原来他是细节理解能力强，而整体把握能力差，他画画也是细节精彩，整体结构不佳。原来这种孩子学习第一遍的时候，满脑子都是细节，需要学第二遍加以整合，才能形成完整的知识画面。这种孩子就特别适合预习。我给他的建议是寒暑假宁可少复习，也要把下学期的课本提前看一看，而且要养成看目录的习惯，以便对知识的大框架有所了解。

所以，这里讲的所谓的“有方法”，指的是有适合自己特点的学习方法。找到这样一套个性化的学习方法，非常重要。

现在，学校虽然经常喊因材施教的口号，实际往往落空，因为班级人数太多，教师很难给予个别照顾和辅导，再说学校有很多的规章制度和检查

评比，也容不得教师因材施教。这种局面肯定是有问题的，但是一时还不好改变，所以我说句怪话：如今的因材施教，主要得指望家长，而不能全指望学校。

怎么做呢？如果说孩子在学校不得不跟着老师的指挥棒跳整齐划一的“集体舞”，那么在家里，家长就可以尽可能帮孩子找到适合他自己的“独舞”，也就是用自己的方式学习。家长千万不要从哪里看了一本书，或者听什么人讲一种学习方法特别灵，就拿回来强迫孩子照着办，这属于“瞎指挥”。家长也不要逼着孩子亦步亦趋地照老师说的办法学习，家长更不要撒手不管。比较好的办法是经常向孩子推荐一些学习方法，让孩子自己试用，最后自主决定弃取。有关于学习方法的培训班，也可以让孩子去看看，学一招是一招，但不要照搬，最好“量体裁衣”选择那些适合自己的学习方法。如果孩子的学习状况家长看着不顺眼，不要轻易干涉，要看看效果再说，黑猫白猫，抓住耗子就是好猫。给孩子一个宽松的环境，给孩子自主权，给孩子提供足够的信息，他才能逐渐找到一套适合自己的学习方法。

教孩子主要教方法

孩子们之所以学习，是因为他们都是知识上的“穷”孩子，我们不能只为孩子解决具体题目，而应当给孩子点石成金的指头——学习方法。

一位神仙，有点石成金的本事。一天，他在人间碰到了一个穷孩子。他可怜这个孩子，当即点石成金，给了穷孩子许多金子。穷孩子不要，他只要那个神仙能够点石成金的指头。因为金子给的再多也有用完的时候，用完了不又受穷了吗？看到穷孩子不为钱财所动，神仙很受感动。告诉穷孩子：那点石成金的指头就是劳动、勤劳致富。法国著名心理学家贝尔纳说过：“良好的方法可使我们发挥天赋和才能，而拙劣的方法可能阻碍才能的发挥。”帮助孩子寻找科学的学习方法这把成功的金钥匙，因此，我们要教育孩子掌握正确的学习方法。

正确的学习方法是对认识规律和学习规律的反映，带有普遍的意义，因此在孩子的学习过程中起着相当重要的作用。它可以使学生少走弯路，

有利于发展学生的能力，提高学习效率。建议家长可以从六个方面入手：

(1)精心制订学习计划。

学习计划是指一定阶段的一种全面的学习安排。它可以使孩子对学习做到心中有数，学习起来有条不紊。学习计划的制订首先是要确定学习重点，学习重点可以是阶段学习的中心学科，也可以是自己的薄弱学科。其次是确定每门学科的奋斗目标并提出达到目标的有力措施。

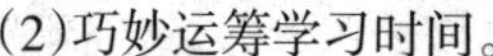

(2)巧妙运筹学习时间。

一方面是指尽可能多地找出运用到学习上的时间，另一方面是指使单位时间内的学习达到最高的效率。首先家长要教育孩子在运筹时间时要考虑到心境、方法和生理状况等方面的因素。同样的时间内，由于心境状态的不同，学习的效果就大不一样。善于运用良好的心境提高学习效率是非常必要的。心境愉快轻松时的学习效果要远远好于心境不佳时的学习效果。

(3)讲究用脑艺术。

学会科学用脑，这不仅有利于大脑的健康，而且有利于使大脑发挥更大的潜力，进而不断地提高学习的效率。

(4)善于提出疑问。

对于学生来说，强调学贵生疑，就是要求他们在学习时善于提出疑问。光学习不思考，不对所学提出疑问，就不可能学懂学透，就得不到真知。因此，每学习一门知识，在全面理解了原意的同时，还要教育孩子思考这种知识产生的理论和实践依据是什么?准确性怎么样?现在的应用状况如何?在经过如此多方面的推敲后，孩子就会加深对所学知识的理解和巩固。

(5)提高记忆效率。

首先要教育孩子在学习和记忆时注意力集中，专心致志。记忆是一个复杂的心理过程，集中注意力是提高记忆效率的首要条件，也是最重要的学习方法.

其次是教育孩子注意复习。即在知识的学习之后的当天进行复习，复习越及时，遗忘的就越少；间隔复习，就是要把复习的时间分配开来，开始

时的时间多一些,随后越来越少。比如在学习一种知识之后,学习的当天进行首次复习,时间可以稍长一点,以弄懂弄透为准,然后周末再复习一遍,时间稍短一点,这样周末就可以将一周的功课复习一遍,然后一个月时再来复习一遍,时间更短,可以在一天的时间内复习一个月所学的知识,再后就是学期末时的总复习.

最后是教育孩子在学习时要同时运用多种感官,要求孩子在看书时要做到眼到、手到、口到、心到;最后是教育孩子讲究记忆方法,关于记忆的方法很多,多数心理学书上都有专门的论述,家长应当尽可能地学习这些方法,并把他们传达给孩子。记忆的方法主要有直观形象记忆法、联想记忆法、系统记忆法、口诀记忆法、数序记忆法、推理记忆法、列表记忆法、争论记忆法、特征记忆法、谐音记忆法、重点记忆法等等。

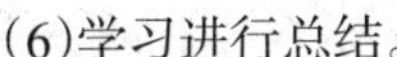

(6)学习进行总结。

在学习过程中,不断进行总结,能强化对知识的记忆和理解,使知识系统化。家长要教育孩子对每一个学习阶段都进行总结。教育孩子每天晚自习时要像放电影一样把老师这一天所讲的课程全部回顾一遍,看自己是否全部弄懂了,不懂就看书,就问家长、问同学,然后再独立完成老师布置的作业。在完成一个单元或一个章节的学习任务之后,要对知识进行归纳分类,使知识系统化、条理化。同时,家长还要教育孩子做好学习内容方面的总结。总之,学习是一种复杂的心智活动,需要掌握一定的学习方法,才能使学习变得更轻松、更愉快、更有效果。

孩子的学习方法源于学习习惯

以往的知识主要靠积累而成,今后知道的获得将更多来自自己的领悟,这就要求我们的下一代具有更灵敏与活跃的思维能力。要在瞬息万变的社会里,找到自己的位置,就必须具有极强的自我充实能力。一个人如果仅限于背会教科书上的知识,不会举一反三,不会顺势开拓,不掌握接受再教育的基础能力,即使学习成绩优秀,出了校门也很难在竞争中立于不败之地。所以说,在学校学习知识的同时,必须学会和掌握进一步学习的

方法，也就是学会怎样学习、学会不断地充实自己。

在小学阶段，主要是培养和训练良好的学习习惯。如读书、写字的姿势，课前预习、课后复习、按时完成作业等习惯。良好的习惯一旦养成，顺理成章，对以后的学习大有裨益。反之，若养成了一些不良习惯，以后要改变就十分困难。一开始，首先要训练孩子能够“坐得住”、“静下心”、“学得进”。这些都是相互联系在一起的，坐得住了，才能学得进；孩子能学进去了，有了收获，感觉有兴趣，也就坐得住了。让孩子学习，一般性督促不够，训斥强制效果会适得其反。这需要家长耐心、细心地诱导与具体地指点。

帮助孩子掌握正确的学习方法，包括如何用心听课，及时复习，以及记忆、思考、阅读、演算等方法。掌握基础知识的过程，正是学习能力的培养过程。学生如果对学习有浓厚的兴趣，又掌握了正确的学习方法，具备了一定的自学能力，小学课程中规定的许多教学内容是不难完成的。

可是，现在许多家长，包括一些教师，并不明白在小学阶段，教孩子掌握学习方法是首要任务，而是只盯着那点知识，抓住几百个汉字，几道加减乘除的算术题，让孩子反反复复抄呀写呀，写错了一道还要罚抄多少遍，弄得孩子整天趴在桌上，头昏脑涨地应付，实在是本末倒置，得不偿失。

一些老师强调家长检查孩子作业，家长也多半主动积极陪读，盯着孩子做作业，紧逼不舍。孩子一出错便急躁埋怨，甚至训斥。这种“督促帮助”会影响孩子的情绪，使之心慌意乱而降低学习效率。

当孩子做完作业后，应当把第一次修改权交给孩子自己，鼓励他独立地使用字典纠正错字，用演算法检查数学学习题。总之，要调动孩子在学

习中的主动性，让孩子树立起“学习是自己的事”的责任感，并掌握独立完成学业的能力。如果家长又是“助教”，又是“助学”地“紧忙乎”，效果往往是事与愿违，越帮越忙，越助越糟。

这并不是说，孩子不需要帮助，问题是怎么帮法。帮助孩子学习，就是要帮孩子通过作业，学会遇到问题，能理出头绪，抓住突破口，展开思维活动，进行分析，找出答案。最重要的是这个过程，并不是答案本身。要帮助孩子学会自己主动思考，而不是帮他被动应付差事。

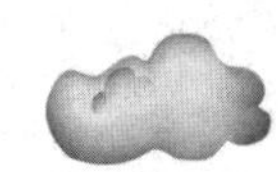

对孩子提出的问题，不要直接回答是什么，或是多少。最好是作一些提示、反问，启发孩子自己思考。否则帮助成了代替，效果必然不好。例如小学一年级的孩子，把5+3=?这道题的答案写成了7。这时你不要直接指责他，你怎么把8写成了7。而是可以反问他5+2=?这时他就会发现自己原来的答案不对了。因为5+2是7，那么5+3就是8了。这样比你把答案直接告诉他效果要好，因为是通过他自己的脑子纠正的，而且不仅把5+3=8更明确了，顺便5+2=7也复习了。

学贵得法，学无定法

现在的孩子，学习任务十分繁重，且要求高、压力大，尤其是面对升学竞赛等激烈的竞争，学习更是事关重要。

我们做任何事情都要讲究方法，方法得当，就能事半功倍，就会又快又好地完成任务，否则，就会事半功倍，甚至遭受失败的挫折。法国数学家笛卡尔说：“最有价值的知识是关于方法的知识”。作为学生，要学会学习，首先要学习科学的学习方法，这比学习知识更重要。《在北大等你》一书一度在中学生中传看，收入的主要是近年各省高考状元谈个人学习“秘诀”的文章，几乎所有人都认为学习方法十分重要，不少同学甚至在文题中就开宗明义地强调“方法”是成功之法宝，如《勤奋+良好的心态+方法》、《勤奋·方法·自信》、《韧性·方法·信心》、《学海无涯苦作舟》。封悦同学说得更明白：“不要把高三当做黑色的一年，只要方法得当，它会给你带来金色的季节和收获”。所有这些都说明，学习贵在掌握科学的方法。

学习的方法确实很多,但各人方法不尽相同,各有长处,各得其所。只要运用得法、得心应手,均可收效甚好。我们应该取多种学法之长融为一体,形成一套适合自己的学习方法,这样定能事半功倍。人的一生要不断学习,但学法也要不断变化。真可谓:学贵得法,学无定法。所以,对于不同类型的孩子,我们应该采取不同的方法,来突破孩子的学习的瓶颈。

(1)视觉型孩子。

视觉型孩子偏好将事物以图片或者是流程图的方式来代替。通常他们通过观察而学到的比从交谈、聆听或者实际工作中所学到的多。当他们聆听时,通常会通过书写帮助记忆。就他们而言,自己的书写比阅读的文字或聆听的语言更加有效。

(2)听觉型孩子。

听觉型偏好以解说的形式来进行学习。他们喜欢说话的声音,声音使他们相对容易了解观念。当别人讲故事时,他们宁可听声音而不想看图片。

对听觉型孩子而言,声音对他们别具意义。不一定是音乐,而是声音本身对他们来说含有丰富的意义。一个提高听觉感受的活动,是仔细地将所有听到的声音列出。例如时钟的滴答声、外面交通的嘈杂声、风扇转动声和鸟叫声等等,都浮现在意识中。紧接着,从这些声音中编造出离奇的故事来。

听觉型孩子基本的学习资源是语言讲述,这样一个听力活动,可以打开心灵接纳其他声音。将听觉经验(包括音乐)解释为语言的实践,可以开拓创造力。并揭开语言沟通的极限。

(3)肢体型孩子。

肢体型孩子必须先身体力行,才能确保自己了解新的概念。他们擅长以手势、舞蹈和姿势表达自我,并且擅长体育活动。感觉对他们而言,属于内在的感受而且能够精通它。他们具有集体制作的精神,手艺精巧并擅长于使用工具,宁愿做事而不愿多费口舌。由于肢体感觉很难转译成语言,因此我们往往忽略这方面的知觉。然而,舞蹈所表现出的言语观念,让人

们感受到如何用身体感觉去沟通。一位老师注意到孩子练习摆出各种不同的姿势后,他们的沟通能力发生巨大的变化。比如,姿势可以反馈我们对别人的反应是接受还是拒绝。借助不同的姿态所代表的感受,可以更了解自己肢体行为发生的过程,也可以改进语言的沟通形式。

(4)书面型孩子。

书面型孩子喜欢阅读,因为这样他们较为容易从书本上汲取知识。他们宁愿读书而不愿看电影,偏好自己阅读而不愿别人为他们解说。他们能将所读过的东西轻易记住,并转化为口语,不论是复述还是书面测试。只因为阅读对他们来说是如此轻而易举,因此他们常常被认为是典型的书虫。越会阅读的人,探索不同的读书方法就对他愈为重要。对于书面型孩子,提出书中的疑点和发展口头报告,更能帮助他们更上一层楼。书面型的孩子,需要全面性的练习、全盘性的思考和学习将书面的事物,通过想象和绘图,得到比书本中更加生动的概念。

影响孩子学习方法不当的六种因素

为什么有的孩子没有正确的学习方法呢?这是受多方面因素影响。现在中小学中的智力水平差异都不太大,所以,它对方法形成的影响是有限的,学习方法不当的原因主要还是在一些非智力因素上,如认识能力、学习动力、意志状况等。

(1)对学习方法的重要性认识不足。

不少学生在方法上顺其自然,看不到科学学习方法的作用和意义,没有尝到正确方法所带来的甜头,以为磨刀会误了砍柴工,因而不愿意花时间和精力去认真学习和掌握好的学习方法。

(2)对各科学习特点认识不足。

学习方法具有完整的知识性和严密的系统性,其中一个方面就是要适应中、小学各阶段、各学科的学习特点。这就需要学生对目前的学习有明确的认识,在此基础上,才能形成科学的方法。

有的学生说:“上小学一、二年级时,我的成绩挺好。可到中高年级就

感到学习很吃力，成绩上不去，心中很着急，该怎么办呢？”这其中一个很大的原因在于学习方法没有及时调整。作为教师、家长应帮助学生了解各阶段、各学科的学习特点，使他们能及时调整自己的学习方法，以适应不同的学习活动。

(3)对自身的状况和条件认识不足。

对自身认识不足主要包括两个方面：一是对自己目前的学习状况没有客观、清醒的认识；二是对自己的个性特征认识不清。学习方法除了要适应学习特点外，还要适应个体特征。如果学生对自身的状况和条件认识不足的话，则很可能造成方法不当。快捷的方法是首先总结成功者已有的科学学习方法。成功者的科学经验是经过无数人验证的结果，效果突出，那么照方抓药，拿来自用。经您试用，确实有效，您就可以把它变成自己的固定的学习方法，持之以恒，定会获益匪浅。

学习状况：有的学生因为成绩不好而妄自菲薄、过于自卑，认为自己一无所长、无可救药。也有的学生因为学习良好而目中无人、自以为是，看不到自己的缺点和不足。这些不客观的认识会使学生在运用学习方法的时候发生失误。学生在制订学习目标时往往会好高骛远、不切实际。

个性特征：每个人的能力、气质、性格、身体状况、生物周期等都有不同，也没有两个完全相同的个性。科学的学习方法必须是适合自己的个性特征的，别人的方法仅是参考而已。从这个意义上说，有多少个学习成功的人就有多少种成功学习的方法。有的人喜欢待在空旷的大房间看书，有的人喜欢缩在狭小的房间里看书；而有的人喜欢躺在草地上看书，由于“生物钟”的不同，有的人利用白天学习，有的人利用晚上学习。只要学习效果好，这些方式本身都无可厚非。

(4)缺乏学习的动力。

动机缺乏的学生没有学习动力，缺乏学习热情，把学习看成是一件苦差事，在学习中没有目标、得过且过，其学习行为完全是一种被动的应付。表现在方法上，必然会死记硬背、投机取巧、没有计划。一个丧失学习动力的学生，必然丧失深究学习方法的兴趣。因此，那些在学习中无精打采、大

叫没劲的学生，十有八九方法不当。

(5)没有坚强的毅力和恒心。

掌握和运用科学的学习方法时，需要一定的自制力。特别是纠正一些不良、已经形成习惯的学习方法，更需要毅力和恒心。有的学生有掌握科学方法的愿望，但在运用过程中因意志薄弱半途而废，造成有目标无结果，有计划无行动。在学习上跟着感觉走，自然要省力得多，但学习效果也会糟糕得多。因此，需要教师、家长或同学多鼓励、多督促、多提醒，依靠外界力量来克服意志薄弱的状态。

(6)缺乏好老师的指导。

很多学生没有接受过专门的、系统的学习方法的指导与训练，对什么是科学的学习方法缺乏明确的认识，在学习中也不能自觉地加以运用。即使有的学生掌握了一些有效的学习方法，也都是走了很多弯路之后才形成的，并且是零散的，而科学的、系统的学习方法很大程度上需要借助于优秀老师和家长的指导与培养。

几种不正确的学习方法

不能掌握正确方法的学生，在学习中常有如下问题：

(1)学习无计划。

学习计划是实现学习目标的保证。但有些学生对自己的学习毫无计划，整天忙于被动应付作业和考试，缺乏主动的安排。因此，看什么、做什么、学习什么都心中无数。他们总是被动地考虑“老师要我做什么”而不是主动去想“我要做什么”。

(2)不会科学利用时间。

时间对每个人都是公平的。有的学生能在有限的时间内，把自己的学习、生活安排得从从容容；而有的学生虽然忙忙碌碌，经常加班加点，却忙不到点子上，实际效果不佳。有的学生不善于挤时间，他们经常抱怨：“每天上课、回家、吃饭、做作业、睡觉，哪还有多余的时间供自己安排？”还有的学生平时松松垮垮，临到考试手忙脚乱。这种现象都是不会科学利用时间

的反映。

(3)不求甚解,死记硬背。

死记硬背不假思索地重复,多次重复直到大脑中留下印象为止。它不需要理解,不讲究记忆方法和技巧,是最低形式的学习。它常常使记忆内容相互混淆,而且不能长久记忆,当学习内容没有条理,或学生不愿意花时间去分析学习内容的条理和意义时,学生往往会采用死记硬背的方法。依赖这种方法的学生会说:"谢天谢地,考试总算结束了。现在我可以把那些东西忘得一干二净了。"

(4)不能形成知识结构。

知识结构是知识体系在学生头脑中的内化反映,也就是指知识经过学生输入、加工、储存过程而在头脑中形成有序的组织状态。构建一定的知识结构在学习中很重要的。如果没有合理的知识结构,再多的知识也只能成为一盘散沙,无法发挥出它们应有的功效。有的学生单元测验成绩很好,可一到综合考试就不行了,其原因也往往在于他们没有掌握知识间的联系,没有形成相应的知识结构。这种学生对所学内容与学科之间,对各章节之间不及时总结归纳整理,致使知识基本上处于"游离状态"。这种零散的知识很容易遗忘,也很容易张冠李戴。

(5)不会听课。

这主要表现在课前不预习,对上课内容完全陌生,无法带着疑问去学;听课时开小差不记笔记,或充当录音机的角色,把老师所讲的一字不漏地记录下来,只让自己的记录与教师的讲述保持同步,而不让自己的思路与教师保持同步;课后不及时地复习,听完课就万事大吉等等。

(6)不会阅读。

这主要表现在不善于选择阅读书目,完全凭个人兴趣或完全听从老师父母的安排;没有阅读重点,处理不好"博"与"精"的关系,要么广种薄收,要么精读于一而陋万;阅读速度慢,不会快速阅读,阅读之后没什么收获。

(7)不会抓重点和难点。

学习方法不当的学生,在看书和听课时,不善于寻找重点和难点,找不

到学习上的突破口，眉毛胡子一把抓，全面出击，结果分散和浪费了时间与精力。

(8)不能理论联系实际。

理论知识与实际操作相结合是非常重要而有效的学习方法，所谓“学而必习，习又必行”。而方法不当的学生往往只满足于学习书本上的知识，不善于在实践中学习、在实践中运用，不能用所学知识解决实际问题。具体表现为动手能力差，不喜欢上实践课和操作课，不关心现实生活。

(9)不善于科学用脑。

这主要表现在学习时不注意劳逸结合，不善于转移大脑兴奋中心，使大脑终日昏昏沉沉，影响学习效率。

上述表现是中小学生中最常见的，一个学习方法不当的学生，总会有其中一种或几种表现。认识到这些表现，进而弄清其背后的原因，我们才能够有的放矢，有针对性地对孩子进行指导。

帮助孩子选择科学的学习方法

父母要善于帮助不同性格的孩子选择最佳的学习方法。

(一)外向型性格的孩子

(1)好学深思。外向型性格的孩子性格开朗、倔强，考试不怯场，对事物能直截了当地提出自己的看法和想法，遇到问题敢于向别人请教，这些都是对学习十分有利的性格特点。不过，由于这类孩子自信自己领会得快，所以对待问题往往不求甚解，即便请教别人也不认真倾听对方的回答，往往别人话还没说完，他就觉得自己已经“明白”了，其实也未见得真正“明白”。所以，必须要求这样的孩子养成好学深思的习惯，防止遇到问题“浅尝辄止”或“绕道走”的不良倾向。

(2)加强计划。外向型性格的孩子学习往往缺乏计划性，无论干什么，大多仅仅从兴趣和感情出发，所以即使制订了学习计划也难以切实执行。因此，这样的孩子应要求他自己制订一个详细的学习计划，并严格按照学

习计划所规定的进度去做。

(3)有错必究。外向型性格的孩子一般不在乎分数的高低和评语的好坏，对试卷和作业中的错误也不认真改正。应该帮助孩子养成有错必纠的习惯，把错误认真改正过来，才能避免“重蹈覆辙”。为此，有必要让孩子做错答笔记，即把答错的和不会做的题都清楚地记在笔记本里并经常翻看。

(4)求得帮助。外向型性格的孩子独自一人温课时效率往往不高，因此，最好能找一些性格较内向的同学一起温习功课，以便取人性格之长，补己性格之短，从而有效地提高自己的学习效率。

(二)内向型性格的孩子

(1)打消自卑。性格内向的孩子往往比较自卑，有了自卑感就容易造成心神不安、焦虑烦躁，从而影响学习效率。要使孩子打消学习中的自卑感，教育孩子一要能正确评价自己，即不仅能如实地看到自己的短处，也能恰如其分地看到自己的长处，切不可因自己的某些不如人之处而看不到自己的如人之处和过人之处；二要正确地表现自己，多做一些力所能及和把握较大的事情，哪怕这些事情很小，也不要放弃争取成功的机会，可在自己

所擅长的学科上狠下工夫,争取取得好成绩,以增强学习的信心;三是正确地补偿自己,承认自己在某些方面有缺陷,但不背思想包袱,以最大的决心和最顽强的毅力去克服这些缺陷。

(2)心胸豁达。性格内向的孩子心胸往往比较狭隘,当学习未达到预期目的,或者考试成绩不理想时易引起情绪波动,教育孩子不要过分看重考试分数,即使得了坏分数也不要悲观,以免因此而影响自己的学习热情和学习效率。

(3)独自学习。性格内向的孩子往往不愿参加集体学习,效率往往也不高,故温课时最好能找个安静场所,独自进行学习。但应提高孩子的自控力,防止独自坐在桌子前想入非非,而白白浪费了学习时间。

正确解决学习方法不当造成的后果

由于学习方法不当,其最终会造成什么样的后果是可想而知的,关键还得看你采取什么样的态度,我们建议家长做到以下几点:

(1)要有耐心,情绪稳定。

因为学习方法的问题是基础性的、根本性的问题,想要孩子一下子纠正过来是不现实的,也是不可能的。因此,做父母的千万不能操之过急,更不能因为孩子学习不好而指责孩子。

(2)要与孩子进行诚恳沟通。

交谈时,父母应该对孩子抱着真诚关心和宽容体谅的态度,表示理解孩子在学习上遇到困难或挫折是难免的。同时父母还可以谈自己过去学习成功或失败的经验教训,给孩子以必要的信心和勇气。并及时了解孩子的情况:在学习上是否尽了全力?孩子是否认为自己无法搞好学习?孩子需要什么帮助吗?等等。

(3)要了解孩子在学习上存在的问题。

应向孩子的老师、同学、或朋友了解孩子学习上的问题所在。孩子上课是否用心?孩子平时最喜欢与哪些人在一起玩?有没有受到什么消极影响?孩子的特长是什么?兴趣是什么?能否根据孩子的兴趣和特长采取一些

特别的措施，让孩子恢复自信，培养其成功感？

(4)要关心教育培养好习惯。

当孩子遇到困难时关心他、支持他、鼓励他坚持不懈、顽强奋斗；培养孩子养成独立学习、不依赖他人的良好习惯，不要老干预、老指导、老帮助；教育孩子正确对待失败，告诉他失败是成功之母，要善于从失败中找出成功之路；肯定任何大小成绩的方法来增强孩子的自信心，让孩子体会到，无论成功或失败，只要他尽了自己的努力，父母都一样爱他；鼓励孩子提出切合实际的目标，一步步地争取，不要希望一步登天。

(5)要有正确的奖惩标准。

当孩子考试失败时，对孩子大加指责埋怨，严加管教，使孩子失望的同时又产生对考试失败的恐惧，回避学习，不愿再做出努力，从而导致孩子进一步的失败。有的家长许诺孩子，如果考试得多少分或得了第几名就给什么奖励，如果考不好就给什么惩罚。其实，这并不能促使孩子好好学习，因为他们不是在孩子认真学习时给其以表扬，而强化的不是学习而是孩子只想得好分数的想法。这种激励的结果，可能会使孩子过于追求分数，采取投机取巧、作弊、欺骗等手段。

(6)要有正确的分数观。

很多家长只看孩子得多少分，不管考试难度如何。其实，考试难度对分数影响很大，如果家长不能正确看待孩子的相对分数，就会引导孩子不能正确而全面地看待自己的相对分数，坐井观天，只看绝对分数或只看自己在班上的名次，不利于孩子自我认识能力的发展。家长对考试分数的种种不合理态度，对孩子心理健康发展影响很大。因此，要摆正考试分数的位子。考试分数固然很重要，但它毕竟是表面的东西，它只是衡量学习成绩的标准之一而不是全部。要把掌握知识、发展能力作为孩子的学习目标。我们应把培养孩子具有合理的知识结构、能力结构和科学的学习方法，把发展孩子的全面素质摆在比考试分数更重要的位置上。家长应从培养孩子的学习兴趣、学习习惯，改进孩子的学习方法、提高孩子的学习能力等方面着手，来提高孩子的学习成绩。应在孩子掌握并使用正确的学习方

法时多加以表扬,不应该在孩子得好分数时过多地奖励和表扬,而在孩子考不好时又过分指责打击。

(7)要有正确的成败观。

要正确地对待孩子成功与失败。孩子学习、考试遇到挫折和失败的时候,帮助孩子寻找失败的原因,改进学习方法,应该给孩子以鼓励,帮助孩子尽快地摆脱低落的情绪,争取下一次取得好成绩。如果孩子考试一直比较顺利,要在适当时候有意地给他制造一些困境,让他经历挫折和失败,并引导他们培养应对挫折和失败的能力。如果孩子经常遭受考试的失败,应该给他们多鼓励,要帮助他修正学习目标,并帮助他分析失败的原因,改进学习方法,让他体验成功,体验到正确的学习方法带来的良好效果,增强学习的自信心。

二、预习法

“凡事预则立，不预则废。”这句话的意思是说无论做什么事，一定要事先做好充分的准备才能成功。孩子学习也是一样，课前的预习既是心理上的准备，也是具体学习内容的准备。预习可以使自己对新课的内容有一个基本的理解，这并不是说，上课的时候可以放松注意力，降低思维的紧张度。而是通过预习后在课堂听课的时候对自己提出更高的要求：不仅要从听课中解决疑难问题、深化理解，还要通过听课来检验和锻炼思维的敏捷性、准确性和全面性。

做好学前预习，为学打下坚实的基础

预习是多种多样的，没有统一模式。特别是对于小学生来说，因为他们并没有独立预习的经验，父母或教师应先做统一要求，这样对他们养成预习习惯，是大有益处的。向孩子介绍预习的方法：读、想、补、做。读，就是让孩子在读新课的内容时，要像学习一篇精美的文章一样，逐字逐词逐句的去品析，明白他们之间的关系，不放过任何一个环节；想，在精读后，想一想，这一课的学习内容与上节课的知识有哪些联系，它可能应用到生活中的哪个方面；补，在预习的过程中，可能会遇到各种困难。但归纳起来大体有以下两个方面，其一是原有知识基础掌握不牢，这节课中还要用到。如：分数应用题中有这样一题，长方形的长是10厘米，宽是长的4/5，求长方形的面积，很简单的一道分数应用题，可是有些孩子在预习时就不知怎样去做，因为他们忘记了长方形的面积公式，类似这样的问题，完全可以通过

预习去补救,通过复习有关长方形面积求法的知识,然后再去解答,就可以完成;其二,是理解问题。如:一条路修了2/5后,还剩15米没修,这条路多长?这样的问题学生在预习时如果不理解,就应该在下节课重点去听教师的讲解;做,就是预习之后,尝试完成“做一做”及练习题中的相关练习。

苏霍姆林斯基说过:“一个孩子,如果从未品尝过学习劳动的欢乐,从未体验克服困难的骄傲——这是他的不幸。”学生在预习的过程中,会有收获,这无疑对自己是一种鼓励,他们会感到学习的快乐,产生学习的欲望,不断去追求这样的快乐,因此父母要鼓励孩子有针对性地去预习,并从中体验成功的喜悦。

通过充分的预习,孩子会有许多收获和疑问,对预习内容的重点、难点也略有了解,如果不随时记录下来,很有可能在上课前就忘记了其中的一部分,这样就会影响学习效果,因此要让孩子养成随时做好预习记录的好习惯。按照预习单上的栏目,逐一填写。但长期重复同一种工作,会产生厌烦心理,所以预习也要灵活多样。根据课型分别采取不同的方法。适当做学习笔记,笔记不求多,但求实效。时间充足,细致一些;时间少,就粗略一些。

“学起于思,思起于疑”,预习就是询疑的过程。预习不等于自学,对预习中遇到的疑难之处,不一定花大气力去解决,发现问题是预习的关键所在,因为有了问题,孩子的学习才有目标。有目标的学习,才会达到事半功倍的效果。

预习的程序

现在中小学课程的内容越来越深、越来越难。因而预习就显得格外必要,也格外重要。只有通过预习,才能明白自己哪些地方不懂,上课时有重点的听,从而做到有的放矢,提高学习的效率。不过,并不是每个孩子都知道预习的正确方法。

预习的最大好处在于能减少听课时有“饥饿”感,更好地把握老师讲课的重点,使新旧知识融会贯通。此外,在实践中孩子也会深深体会到:预习

能增强学习的信心，听课会有一种“大部分懂了”的感觉，觉得越学越易学，越学越想学。

首先，课前预习教材。先把将要学习的内容细读一遍，把每字每句含义吃透。对于例题，不要急着看解答，而应自己动动脑筋，试做一下，做不出也没关系，毕竟是第一次见面嘛。这时带着求知的迫切感仔仔细细看解答，印象就特别深。再思考一下，本课的主要内容是什么，和所学知识有什么联系，做到前后贯通。

其次，自我“质疑”。在预习的过程中，或多或少，总会有“拦路虎”。多问几个“为什么?”如外语单词、语文词义，自己动手查阅工具书就能解决。其他实在解决不了的问题，就在书上做好记号，等着在课堂上向老师提问，以求解答。

再次，安排好预习的时间。大家一般认为预习应放在上新课之前，这当然是有效的。更重要的是预习要抓好平时的积累。利用平日、周末、寒暑假，由点到面，由分散到系统的预习，一步一个脚印，持久不懈，形成良性循环。不仅丰富了知识，还培养了自学能力。一般平日早晨用于读英语，周末适于做练习，寒暑假是系统预习的大好时间。比如利用寒暑假把数学、英语的一册书全部预习完，就会受益匪浅。

最后，检验预习效果。主要的方法是动手解题，“实践出真知”从解题过程中可以找出自己的薄弱环节，通常先做课本上的习题，因为这些习题针对性强。当然，也可以选择参考书上的习题做。但难易必须紧扣教纲要求，答案要有分析，这样便于理解。做对的，说明预习有成效；实在做不出的，决不能放过，一定要设法弄懂为止。否则，预习的效果要大打折扣。

预习语文的十种指导方法

叶圣陶先生曾经指出：“练习阅读的最主要阶段是预习。”指导预习是学法指导的一个重要环节，通过预习中的学法指导与训练，可以使孩子逐步形成“展卷而自能通解，执笔而自能合度”的能力。下面十种预习方法可用于指导孩子学习：

(1)审题法。就是从审清题意入手，去掌握文章的内容和重点。如预习《小青石》一文，可以先让学生思考，这篇童话故事中有哪几个角色？你喜欢谁，为什么？课文为什么要用“小青石”做题目？这样使他们在自读时就有了正确的思维定向，一开始就能抓住重点，不至于错误地领会文章的内容，并能领会审清题意的作用。

(2)摘词法。顾名思义就是对文章里的关键词语进行推敲、咀嚼。如(一夜的工作)总有一组贯穿全文的词语：“劳苦”和“简朴”。这两个关键词从思想内容上揭示了文章的主旨，在思路和结构上起着承上启下的作用，是全篇的文眼和核心点。拈住了这两个词，就是抓住了这篇文章的文眼，可以获得纲举目张的效果。预习时，要求学生紧紧抠住这两个词，摸清作者的行文思路，学生可从中感触到作者感情发展的脉络，领会作者的写作意图。

(3)图解法。即以图画的方式对文章的结构和内容作比较直观的图示，以解剖其纵横联系，突出事物的本质。如《跳水》这一课的一个重要问题就是要搞清楚事物和环境是怎样联系的。这种联系又是怎样发展变化的？结果怎样？教师可用线条组成阶梯状，形象直观地把文章故事情节发展的层次和由发生到高潮、由高潮到结局的变化展示出来，再让学生按图索记，熟读课文添要素，这样对于抽象思维尚不发达、对于形象思维的小学生来说，最能激起他们的阅读兴趣，使他们从形象的感知中理解课文的故事情节，弄清事物和环境的联系，学习作者谋篇布局的方法。

(4)类比法。即把阅读过的同类型文章或一组同类文章，拿来作类比分析，使学生的视野跳出一篇文章的范围，在类比分析中举一反三，获得对某方面知识的规律性认识，培养自学能力。例如五年制小语7册的三则寓言：《拔苗助长》、《守株待兔》、《叶公好龙》，指导预习时，就可以采用类比法，以一篇带一组。先以《拔苗助长》为例，揭示学习方法，教给学生寓言的规律性知识，让学生围绕题眼抓关键语句，弄清为什么要“助”？怎样“助”？“助”的结果怎样？说明了什么？从而了解什么是寓言和寓意。其余二则，学生就能通过类比分析找到共同点，然后依照第一篇寓言的学习方法，无师

自通。

(5)实验法。即对常识性的课文,辅以必要的演示实验,使学生通过实验演示弄懂课文中涉及得自然科学知识,为深入理解课文内容打下基础。例如《捞铁牛》讲的是“关于浮力”的知识,学生不易理解,预习作业就可以采取布置学生做“捞铁牛”实验的方法,通过水的浮力实验,让学生获得感性认识,了解怀丙是怎样根据浮力的定理,采取恰当的措施,把铁牛捞起来的。这样既增强了学生学习课文的兴趣,又加强了学科间的横向联系,扩大了学生的知识视野。

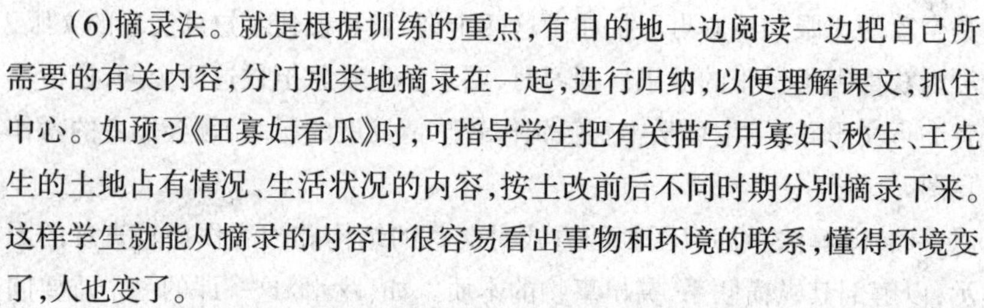

(6)摘录法。就是根据训练的重点,有目的地一边阅读一边把自己所需要的有关内容,分门别类地摘录在一起,进行归纳,以便理解课文,抓住中心。如预习《田寡妇看瓜》时,可指导学生把有关描写用寡妇、秋生、王先生的土地占有情况、生活状况的内容,按土改前后不同时期分别摘录下来。这样学生就能从摘录的内容中很容易看出事物和环境的联系,懂得环境变了,人也变了。

(7)提纲法。即运用预习提纲,为学生安排一条理解课文的探索之路,使学生在提纲的“定向”作用下,独立地进行翻查、分析、综合、体会,对课文内容有所领会、有所发现,久而久之,逐步形成自学能力。如《狼牙山五壮士》一文可以借助课后习题为预习提纲,让学生在熟读课文(第五题)、掌握字词(第四题)的基础上,复习旧知识(第一题抓主要内容),解决新问题(第二题抓中心,第三题抓详写)。

(8)即兴法。就是让学生通过游戏、表演、观察活动等喜闻乐见的形式,预先感触情景,对课文有关内容有更直接的领会。如《渔夫和金鱼的故事》等课文,可以预先布置学生担任课文中的角色,在课堂上表演,让学生进入课文描写的情景,在不知不觉的情和知的渗透中快乐地学习,又在“乐学”的过程中学到学习的方法。

(9)导疑法。即抓住教材内在的矛盾,去引导学生发疑问难,逐步使学生自能发疑、辩疑、解疑。如《草船借箭》可抓住诸葛亮对鲁肃说的一段话的矛盾处发疑:诸葛亮为了三天内如期交箭,一方面向鲁肃求援,要借二十

只船;另一方面又要鲁肃不要把借船的事告诉周瑜,诸葛亮为何只避周瑜,而不避鲁肃?要从诸葛亮前后矛盾的语言中去剖析周、鲁为人的不同,了解诸葛亮的知己知彼、料事如神,并从中学会怎样发现事物的矛盾和分析问题的方法。

(10)蔽读法。即指导学生在自读中除遇到深奥而又是关键的非解决不可的问题外,对一般不影响课文的次要问题,暂时不能解决的作为存疑,避而不读,有些属于无关紧要的内容,也可以避开它跳过去,以保证阅读的速度,从而培养从实际出发,抓住主要矛盾,避轻就重的处理能力。如《落花生》,讲了种花生、收花生、吃花生、议花生四件事。前三件事写得很简单,而议花生的情节写得很详细,是课文的重点所在,自读前,就可以给学生提出:“在尝花生的收获节上,父亲出了什么话题让大家讨论?哪些人说了,谁的话是主要的?”并要求学生在规定时间内找到答案,这样学生就会把种、收、吃花生这些内容一眼带过,直插议花生这一详写段,很快就能抓住主要内容,从中归纳出文章的中心思想。

预习的五种形式

孩子学习,课前的预习既是心理上的准备,也是具体学习内容的准备。预习方法主要有五种形式。

(一)扫除障碍法

例如,在预习一篇课文时,先要粗读一遍。遇到疑难的字、词,要查一查字典、词典,扫清障碍。只有做好这些工作,才能通顺地朗读课文,了解课文大意,并加深对课文的理解。

这种方法不仅适用于小学生,就是一些成年人也常用这种方法学习。比如张海迪,她靠自学翻译出了《海边诊所》这本书。这除了她具有惊人的毅力和勤奋的精神以外,还和她使用了扫除障碍法有很大关系。她就是靠着工具书,一个字一个字的扫除翻译上的障碍,最终完成全书的。由此可见,扫除障碍法在预习上或在学习上,都是一种行之有效的方法。

(二)逐段归纳法

我们拿到一篇课文以后,先粗读一遍,了解课文大意,然后一段一段地慢读,读一段便归纳出一段的意思,用自己的评议或找出书上的相关语句作为归纳。读完全文以后,再从头浏览一下,看看共有多少段落,各段都写了些什么,各段之间有何关系,全文可分几个大部分等。这样,这篇课文的主要意思就清楚了。

逐段归纳法和扫除障碍法的不同之处在于:扫除障碍法只解决字、词、句的问题,而逐段归纳法解决的是课文内容的问题。可以说,逐段归纳法是在扫除障碍法的基础上更进一步,是扫除障碍法的深化。逐段归纳法在预习时是十分必要的,因为预习完成后,如果连内容都不清楚,那预习的效果就十分有限了。

在逐段归纳时要注意两点:一是细心。在归纳时要反复思考,不能粗枝大叶,否则就可能理解错误;二是耐心。归纳需要一段段进行,这是比较花时间的,因此需要足够的耐心。要认识到,逐段归纳不仅是预习课文的问题,也是培养和锻炼细心和耐心的方法。

(三)找出疑点法

预习时还需要多用心分析,找出疑问,这样才能在上课时带着疑问听讲,加深对问题的理解和认识。

那么,怎样才能发现疑点和产生疑问呢?这就需要在预习时开动脑筋,用心分析,不轻易放过那些难以理解和有疑问的地方。这些疑难之处,如果能通过已掌握的知识加以解决最好,不能解决时,可以记在预习笔记上,通过上课来把它弄懂。古人说:“学而不思则罔”,说的就是这个意思。

(四)圈点标记法

著名语言学家王力先生看过的书,空白处写满了文字,即有对收集内容的评价,也有自己的读后感。毛泽东同志在阅读《伦理学原理》一书时,用工整的毛笔楷书,把批注写在书眉、空白的地方和字里行间,共写下了13100多字。列宁读《哲学笔记》时,还使用了许多数学上的符号,如“>”

（大于）、“<”（小于）、“=”（等于）等等。这些名人所用的读书方法，就叫做圈点标记法。所谓圈点标记法，就是在书中空白之处，将自己的心得和发现的疑点，以及应着重注意的地方，用圈圈点点或者符号标示出来。这样做的好处很多，不仅读后不易忘记，而且把重点、难点勾画了出来。

对中小学生来说，这种方法也是适用的特别是对于高年级学生。如果一个学生能做到这一点，就说明他是十分认真的。

关于圈点、勾画、着重的一些符号，则没有统一的规定，可根据个人的需要，自己确定所用的符号。一般来说，“?”表示疑问，“!”表示感叹和惊奇，“.”表示着重。

需要注意的是，在进行圈点标记法时，仅限于学生的自备用书，向公家借的书就不宜这样做了。爱护公物、爱护图书应该成为每个学生的美德。

（五）习题讲解法

在老师还没有讲解习题以前，可以在预习时尝试着去解答某些习题。因为习题是课文重点、难点的体现，预先做习题可以了解课文的重点和难点。而且在试讲习题的过程中，如果能做出来，可以提高解题的信心和兴趣；如果解不出来，或者解错了，则可以提醒自己在课堂上必须认真听课才能把习题搞懂。

合理分配预习时间

怎样合理分配时间，让有限的时间发挥最大的作用是很重要的。应该教孩子把预习的重点放在自己比较薄弱的学科上，对于自己擅长的学科，可以的话减少预习。因为预习的目的是达到更高的目标，如果付出了一定的时间，某个自己比较擅长的学科的成绩提高却并不显著，就要相应缩短预习的时间，将时间用于比较薄弱的、收效明显的科目，这样有利于整体学习水平的提高。

预习根据时间可以分为以下三种方法：

(1)及时预习。老师讲课前，自学老师要讲授的新课。

(2)阶段预习。用一个比较完整的时间,把下一阶段要讲的一章或几章的新课内容自学一遍。

(3)学期预习。利用寒暑假,自学新学期所讲课程的全部内容。

预习时间一定要安排好。什么时间采用哪种预习方法,每次预习要花多少时间,这两个问题不解决好,预习还是不会奏效。

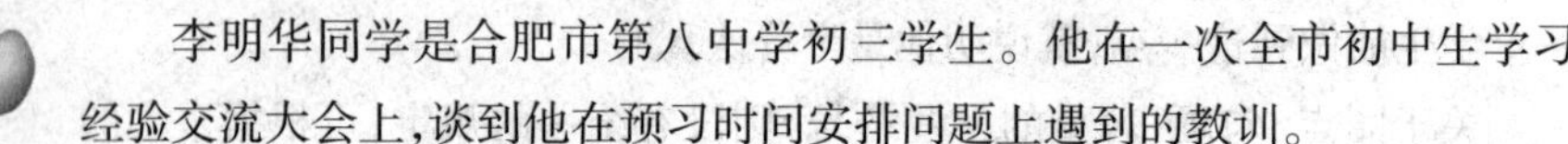

李明华同学是合肥市第八中学初三学生。他在一次全市初中生学习经验交流大会上,谈到他在预习时间安排问题上遇到的教训。

初二那年暑假,李明华听人说,暑假里预习下学期上的课,开学后那门课肯定能学好。小李试了试,利用暑假看了看下学期要上的几何。果然,那学期几何课程一直在班上领先。

小李尝到了甜头,逢人就讲预习的好处。他自己也近乎到了迷信预习的地步。

初二下学期开学之后,小李拿出了老办法,集中一切课余时间来预习新开的物理课,拼命地往前赶。结果打乱了学习计划,不仅物理课没学好,还影响了其他课程的学习。甚至连做作业的时间都没有了。各科学习成绩出现下降的趋势。老师发现之后,帮助小李作了分析。指出用假期预习方法预习几何取得成功,是因为预习方法和预习时间搭配得当。而开学之后,正常的教学活动已开展起来,每天上午、下午都要上课,各门功课都留有作业,仍然采取集中时间的学期预习方法预习物理,势必影响整体的学习。

所以开学之后使用的预习方法通常都是及时预习。及时预习的突出点是实用性,老师讲多少,就预习多少。这样预习的内容少,花的时间也不宜太多,一般有一两个小时就够了。如果时间过长,就适得其反。一是占用了过多的时间,影响做作业;二是容易疲劳,效果不佳;三是看了过多的内容,第二天上课还讲不到,用途就不太大了。

预习时间的安排要注意处理好复习和预习的关系,在有限的时间内,先安排好复习的时间,而将预习安排在所有作业都做完之后进行。预习可以分为学期预习、周预习、日预习。学期预习,是在发下新书后,孩子们对

新书感到特别新鲜好奇的情况下进行，一般由父母来指导。针对课本（主要是英语、数学、语文）目录做一个大体的浏览。周预习，则需要孩子独立进行，需要特别细致。让孩子往后看书，哪些地方看不懂，就用彩笔特别标记出来。如果周预习特别细致，那么一般不需要进行日预习。如果周预习比较粗，或者没有进行周预习，则需要进行日预习，一般30分钟即可。

鼓励孩子自学

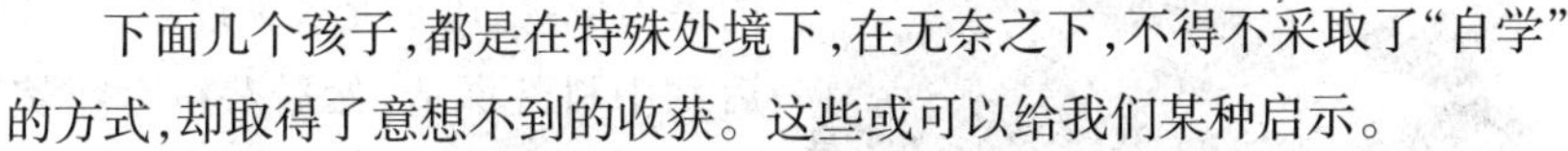

下面几个孩子，都是在特殊处境下，在无奈之下，不得不采取了“自学”的方式，却取得了意想不到的收获。这些或可以给我们某种启示。

小明在小学三年级的时候，常发低烧，经医生诊断是患了淋巴结核，必须休息和治疗。由于病情与治疗的需要，父母商量后决定：小明先休学半年。在此期间除了治疗与休息外，每天上午学习两个小时。办法是预先由家长帮助定好进度，然后，每天把要学的内容，先由小明自己看书学习，有看不懂或不太明白的地方，晚上问妈妈。

开始时，小明把书看过后提不出问题，妈妈问他懂了吗?他犹犹豫豫地点着头。根据教科书上的内容，问他几个问题，他又答不上来。经过妈妈的启发诱导，进行了某些具体的指点与帮助，过了一段时间，小明不仅可以提出问题，还常常自己找出了答案。这些答案有对有错，大人再作适当的指正与解释，他很容易就掌握了教科书的基本内容，更可喜的是锻炼了自学的能力。

半年后小明病愈复学，回到原来的班级学习。不仅顺利地跟上了班，没有什么困难，反而学习更加轻松主动，老师反映小明的阅读能力、理解能力都比一般同学显著高出一筹，成绩也显著上升。

同样，在不要文化的年代，也有类似的事情。小敏的父母去了五七干校，只好把他暂时放在上海姑妈家。小敏7岁了，可是因为没有上海市的户口，进不了学校的大门。无奈之中，姑妈只好买来小学的教科书，让小敏在家里复习，每天晚上请当小学教师的邻居辅导。邻居阿姨家里事情很多，只能抽出个把小时来帮助小敏学习。好在这位阿姨教学经验比较丰富，她

把帮助小敏的重点,放在提高其自学能力上,由于指导得当,小敏顺利学完了小学的功课。他在随父母返京后,直接进了中学,由于他的记忆、理解、分析等能力都比同龄孩子高出一筹,成绩一直名列前茅,80年代初,获得了北京市高考理科状元的突出成绩,进了北大物理系,毕业后到中科院深造,然后获得全额奖学金,顺利地赴英留学,很快就拿下了学位,现为美国一家著名大公司的高级工程师。

以上这两个因祸得福的孩子的事例,是否具有普遍意义,我们不敢肯定。但这都是发生在我们身边的活生生的事实,绝无半点虚构与编造。从他们的经历中,有一点可以肯定,那就是对于小学生而言,某种意义上说,掌握怎样学习的方法,提高学习与汲取知识的能力,比知识本身更重要。

帮助小学生学会自己看教科书,学会自己找出不懂的地方,学会主动提出问题,学会自己寻找答案,一句话,帮助小学生掌握必要的自学能力,比一味让孩子背会教材更加重要。

中小学生在完成学业的同时,如何培养他们的记忆、理解、分析、综合所学知识的能力,始终是家长和老师的一项重要任务。只有能力与知识同步增长,才能面对越来越艰深的功课,不会出现随着功课难度增加而成绩滑坡现象,才能把孩子引入越学越有兴趣,越学成绩越好的良性循环之中。必要的自我充实能力,对今后能否适应高一级学校的学习,及毕业后能否跟上时代最新发展步伐,具有决定性的作用。

如何预习语文课文

九年义务教育小语教材将“预习”编入为例,使“预习”成为小学语文教

材一个重要的组成部分,这对于学生养成良好的预习习惯,提高预习水平,是大有裨益的。在实际教学中,通过"预习"这一环节对学生进行学法指导,重视预习中的个体差异强化训练,从而提高阅读教学的课堂效率。预习时,应从四个方面入手。

(一)摘抄知识要点,激发阅读兴趣

"预习"中所涉及的知识比较广泛,包括文章的作者、时代背景、诗词常识以及课文中重要的人、事、景、物等内容。这些内容融知识性、趣味性于一体,可以激发学生的阅读兴趣。为此让学生每人准备一个课外摘抄本,把有关内容分类摘抄下来,这既可以开阔学生的视野,丰富学生的知识储备,又能提高阅读的积极性,并在兴趣的引导下,逐步理解课文,完成预习任务。

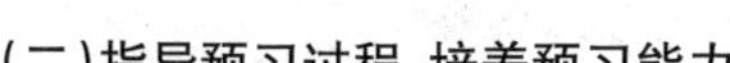

(二)指导预习过程,培养预习能力

教师在讲授新课之前,可以根据单元导读和预习指示,结合教材教给学生预习的方法,有效地指导预习过程,培养学生的预习能力,使学生养成自我阅读的良好习惯。

阅读"导读"。在进行每一单元的教学前,首先要让学生认真阅读"导读"部分,使学生对教材有一个总体的印象,明确单元训练重点。在指导学生学习课文时,还要让其反复阅读"导读",以便加深理解。

读、思、圈、画。指导学生在认真阅读"预习"文字的基础上,标出课文的自然段,并注意用不同的符号在文中加上不同的标记。比如:文中的生字连词可以用"——"标出;容易写错的字用"O"标记;需要着重理解的词语可用"·"标明,并认真思索,结合上下文或借助字词典理解词意;遇到描写优美的句子用"!"画出,并反复朗读;遇到不懂的地方打上"——",待课堂上师生共同解决……在教师的指导下,通过预习,学生手、脑、口并用,既提高了预习能力,又养成了"不动笔墨不读书"的良好习惯。

给课文加批注。不少课文的"预习"中有这样的要求:"把最使你感动的地方画下来,如有感想就在旁边简单写一写。"因此,可以指导学生在读

的过程中画出课文中最令人感动的地方,融入自己的理解,初步学会用简洁的文字给课文加批注,培养思维能力。

此外,在课文中遇到"中心句"、"过渡句"、"总结句"、"修辞句"以及含义深刻的句子,都可以加上恰当的批注,谈谈自己的理解、体会。

(三)划分层次阅读,培养自读能力

叶老曾说:"语文课以读书为目的,老师引导学生俾善于读,则其功至伟。"可见,阅读是一种很重要的学习方法。在学生预习的过程中,要引导学生掌握阅读技巧,逐步提高阅读要求,培养其自读能力,进而提高学习效率和学习质量。

读通课文。"预习"中经常提出:认真读读课文,想想课文讲了什么?学生初读课文时,要指导他们注意随手画出文中的生字词,把课文读通顺,而后整体感知,才能初步理解课文内容。

带着问题读书。"学起于思,思源于疑"。指导学生带着问题读书,曲启迪思维,帮助学生理解课文内容。例如:《卖火柴的小女孩》一文,在"预习"中有这样的问题:"小女孩几次擦燃火柴,每次都看到了什么?最后这个卖火柴的小女孩怎么样了?"带着问题,学生边读边思,问题解决了,课文内容也就理解了。

精妙处多读。文章写得精彩的段落、章节,可以让学生反复朗读、品味。比如老舍先生的《草原》一文,第一段讲作者初次见到的草原景色。文笔优美,意境开阔。"预习"中提出:"预习课文,想想老舍先生笔下的草原是怎样的景象。"预习时,这一段可让学生反复朗读,想象草原的美景图,直至成诵。

总结评价。课堂上,对于在预习过程中阅读表现积极、声情并茂着,教师要不吝赞美之词,及时表扬、鼓励,使学生体验到成功的快乐,调动其读书的积极性,使"预习"更好地服务于课堂。

(四)围绕预习重点,精心设计训练

不少课文在"预习"中涉及到了文章的重难点,提出了理解课文的关键

性问题,包含着语言文字训练的内容。围绕预习重点,确定语言文字训练点,精心设计训练,把预习重点贯穿于课堂教学,使学生的理解能力与语言训练相结合,有利于突破教学重难点,从而顺利地完成教学任务,获得良好的整体效益。

例如,《草船借箭》一文,在"预习"中指出:查字典弄清"神机妙算"这个词语的意思,把课文中表现诸葛亮神机妙算的地方画下来。这也是这一课的教学重点之一。围绕这一预习重点,可以设计以下训练:草船借箭为什么能取得成功?请找出课文中的一个重点词语回答。初步理解"神机妙算"的意思。讨论:周瑜为什么说"诸葛亮神机妙算,我真比不上他"?在借箭过程中,哪些地方表现了诸葛亮的神机妙算?试举例说明。至此师生共同归纳诸葛亮"神机妙算"的表现:知人心,识天文,晓地理。周瑜的慨叹,反衬出诸葛亮过人的才干。这样设计训练,把启迪学生积极思维贯穿于课堂教学,使学生处于主体的位置上,能够积极主动地学习。在活跃的课堂气氛中,教师教得轻松,学生学得愉快,既加深了对课文的理解,又落实了语言文字的训练。

怎样预习数学课

预习是一种有效提高学习效率的好方法。一项调查显示:在初中学生中,经常预习的学生的数学平均成绩要高于不做预习的学生的成绩,而且差异是显著的。

课前预习有三大好处。首先,预习可使我们了解下一节课要学习的内容,使我们有针对性地学习;第二,预习可以帮助我们了解新课的重点和难点,帮助我们在听课时抓住重点,使学习更有针对性;第三,通过长期的预习有益于提高我们的阅读能力,培养自学能力。

那么,怎样做好数学课的预习呢?

(1)掩卷沉思想一想,接下来该学习什么了。学习重在发现、探索、创新和应用,学习数学也是一样。预习时我们先要想一想,以前学习了什么知识,接下来该学习什么了?自己来个"预测"。这样有利于提高我们对知

识的理解，养成良好的学习数学的思维习惯。

(2)全面阅读教材，了解新课的主要内容。要从头到尾把教材仔细读一遍，看看是不是和自己想的一样；如果一样，就要抓住教材的基本内容，想一想这些新知识的基础是什么，自己掌握得怎么样，做一些必要的复习，为新的学习打好基础。同时在阅读教材时初步了解新知识的基本结构。

(3)亲自推导公式。数学课中有大量的公式，有的课本上有推导过程；有的课本上没有推导过程，只是把公式的最初形式写出来，然后说一句，"经推导可得"，就把结果式子写出来了。无论课本上有无推导过程，孩子在预习的时候都应当合上书亲自把公式推导一遍。书上有推导过程的，可把自己的推导过程和书上的相对照；书上没有推导过程的，可在课堂上和老师的推导过程相对照。这样就易于发现自己的推导有没有出错的地方。自行推导公式既是自己在独立地分析问题和解决问题，又是在发现自己的知识准备情况。通常，推导不下去或推导出现错误，都是由于自己的知识准备不够，要么是学过的忘记了，要么是有些内容自己还没有学过，只要设法补上，自己也就进步了。

(4)抓住新知识的重点和难点。预习的一个重要任务是要了解新知识的重点和难点，为课堂上更好地学习做准备。预习时可能对重点知识认识得不清楚，抓得也可能不准，这都没关系。对预习中感到困难的问题，要做好两方面的准备。一是查一查，感到困难的原因是什么。是原有知识基础问题，还是理解问题。如果是基础问题就要自觉补一下，看一看是否可以解决；如果是理解问题，可以记下来课上认真听讲、积极思考去解决。

(5)适当做学习笔记。预习时要适当做些学习笔记，主要包括看书时的初步体会和心得，对明白了的问题的理解，对疑难问题的记录和思考等。笔记不要求多，但要讲求实效，预习是要花一定的时间的。预习时根据自己的时间安排进行。时间多，就可以搞得细致一些；如果时间少，就可以预习得粗一点，粗略地阅读一遍教材也好。

(6)扫除绊脚石。数学知识连续性强，前面的概念不理解，后面的课程就无法学下去。预习的时候发现学过的概念有不明白、不清楚的，一定要

在课前搞清楚。

(7)汇集定理、定律、公式、常数等。数学课中大量的定理、定律、公式、常数、特定符号等,是学习数学的最重要的内容,是需要深刻理解,牢牢记住的。所以,在预习的时候,无论你做不做预习笔记,都应当把这些内容单独汇集在一起,每抄录一遍,则加深一次印象。上课的时候,老师讲到这些地方时,应把自己预习时的理解和老师讲的相对照,看自己有没有理解错的地方。

(8)试做练习。数理化课本上的练习题都是为巩固所学的知识而出的。预习中可以试做那些习题。之所以说试做,是因为并不强调要做对,而是用来检验自己预习的效果。预习效果好,一般书后所附的习题是可以做出来的。

外语的课前预习

预习是课堂学习的准备。预习抓得好,就学得主动,课堂效率就高;相反,如果预习抓得不好,就会学得被动,课堂的效率就低。

由于外语的学习内容与要求的不同,课型的不一,教学路子与方法的各异,预习的方式方法必然是多种多样的。这里只对广为应用而行之有效的几种方式作一概括介绍。

(1)朗读识记式。朗读与识记是预习的最低的要求,也是最简单的预习方式,因此它是使用得最多的方法,可以说是适用于各个年级、各类课型和各种教学路子的预习。它只需要学生在课前用十几分钟时间,通过反复拼读面记住所学生词,通过多次试读而达到能流畅朗读所学句型和课文并能初步理解和熟悉课文内容。由于它要求较低,不增加学生课业负担,学生容易习惯并欢迎这种预习方式。但正是由于它简单,效果往往一般。

(2)听力训练式。它主要在于加强听说训练,在初中阶段应尽量地采用。对于初学者而言,这种预习可以侧重于模仿练习,如字母、音标的读音,单词的拼读、连读、失去爆破、升降调、意群及停顿等练习。可以听原版录音,也可以听老师的录音。在课文学习中,学生可以通过听课文录音大

致了解课文的内容，增强语感。也可通过听课文的改写、缩写和内容简介等录音。当然，由于条件的限制，不是所有的学生都可在课前自己进行这方面的训练，如果教师采用课前某段时间，比如早读，统一在全班放录音的办法，就可以对学生进行统一的要求。

（3）发现问题式。老师可以把新课中要求学生自己掌握的内容和与学新课有关的旧知识通过预习题的形式呈现给学生。学生通过做预习题发现问题，并为上新课做好准备，教师通过对预习的检查也可使课堂教学更具有针对性。尤其是复习课的预习更宜用这种方法，因为它本身就是一种较好的诊断性检测手段。

（4）排除障碍式。教师将新课中具有一定难度的内容通过适当的提示和引导让学生初步了解和掌握，从而可以减少课堂讲练和学生掌握运用的难度。比如，重点词提示和找出所给外文释义的对应词。虽然针对的是新课文中较难掌握的词，但由于学生从词汇表中已经知道了这些词的词性和汉语释义，再加上题目要求的只是将含有这些词的外语句子译成汉语，要比让学生用这些词造句容易，学生做起来就不会有多大的困难，找出外文释义的对应词也比用外语给单词释义容易。句型结构提示只要求学生将含有这个句型但基本不含生词的句子译成汉语。重新组织句子也只是要求学生用较为简单的形式重新表达较难句子的意思。通过这种预习，课堂学习就会轻松、容易得多。

（5）材料准备式。预习所准备的材料可以是句型操练需要的语言材料，也可以是会话练习所需要的话题材料，还可以是讨论所需要的对某个问题的意见、主张和看法等，甚至还可以是一些简单教具的制作（比如表演所需要的简单道具）。教师布置这种预习时要提出明确的要求。比如，阅读有关参考书的某些章节，给定话题的范围，明确讨论的问题等，这一预习方式对培养学生的自学能力很有帮助。

（6）系统归纳式。它主要用于复习课，特别是阶段复习和期末总复习课。教师可以根据复习课的内容让学生在课下事先对已学知识进行初步的归纳，然后在课上指导学生进行全面的总结。既可以让学生归纳同一个

内容,也可以分不同的组归纳不同的项目。例如,让学生归纳:字母组合发生的异同、同义和反义词、动词的搭配、词组用法的异同、某些语法项,目的用法、一些句型的不同表达法以及同一体裁课文的写作特点等等。由于学生预先自己动手进行了归纳,再经过课堂上七嘴八舌的补充,对这方面的知识就掌握得更全面、更牢固了。

(7)阅读理解式。这种预习适合于学生进入了较长课文的学习阶段。在没有进入课文教学或课文只限于一些极简单的内容的初期阶段不必采用这种方式。现在很多中高年级教师在进行课文整体教学中多采用这一预习方法。阅读理解可分为表层理解和深层理解,前者侧重于课文本身包含的具体材料,如人物、时间、地点、事实及数据等具体信息的提取;后者要求读者对具体材料进行归纳、总结、分析,甚至推理、想象来完成。

(8)小组讨论式。这种方式涉及预习的组织形式。小组讨论的好处在于能够促进形成同学间的交流气氛,而且在讨论中可以互相帮助,特别是学习好的可以帮助学习差的,胆小、自信心不足的学生也可以得到发言的机会。这种预习需由小组安排统一的时间进行,比如早读、自习,或课堂教学开始时由老师统一安排几分钟。例如,当教师没能提前安排学生预习时,可在课堂上将学生分成几个组,把课文分成几段,每一组负责读一段并设计阅读理解题,完成后各组再将其他组负责的段落读一遍。然后全班讨论,各组主持自己负责的段落的讨论。老师可以在各小组间巡视指导,并注意发现问题。

另外,其他方式的预习也可以找机会进行必要的小组讨论。特别是阅读理解式练习,如果老师事先给了学生预习题,则可以集体对答案,并就某些问题展开讨论,发表不同意。

必须指出的是,每次预习并非只用一种方法,而可能是几种方法的综合运用。另外,不同的课型需要有不同内容、不同方法的预习,每个课时的预习都有不同,不同教法的要求也有差异,比如课文整体教学和分段教学就有不同的预习要求。教师只有在紧密结合教材的内容和学生实际情况的前提下,把预习作为教学设计、教案设计的一个重要组成部分,才能有效地指导学生预习,使预习的作用得到更好的发挥。

三、听课法

一个好的学生应该从听课中获得课堂的信息，并对信息进行加工处理，以使自己真正理解这些信息的意思，进而能及时做出恰当的反映，掌握更多的知识。

要学会听课

讲课是教师课堂教学的主要手段，听课是学生课堂学习的主要方式。学生时代是人生的黄金时代，在这个黄金时代里，学生的大部分宝贵光阴是在课堂里度过的，按每周5天，每天上6节课计算，一学期20周，就要上600节课，一年要上1200节课。有些学校还有“配有课”、“辅导课”、“活动课”等，实际上课节数可能还要多。一个学生如果不会听课或听课效率不高，那么学习可能事倍功半或徒劳无功，听课效果不好，学习成绩必然很难令人满意。要学会听课，必须做到：提高认识，做好准备，集中精力，讲究方法。

(一)提高认识

课堂教学是教师传授知识、解难释疑、培养能力的主要阵地，同时也是学生获取正确信息、匡正错误、提高能力的主要渠道。离开这个主要渠道谈学习，那无异于丢掉西瓜去捡芝麻。要认识听课的长期性，中学阶段共6年，就得老老实实听7000多节课。到学校学习目的就是接受思想教育、学习各科知识、锻炼各种能力，要有耐心听好每一节课。认识课堂知识的浓缩性。从学习学科知识的角度讲，学生上课的主要任务是在教师的引导下

继承人类的宝贵知识财富，并在这个过程中锻炼观察能力、动手能力、听说能力、思维能力、综合分析能力、运用知识解决实际问题的能力等。教师传授的知识，一般都是人类长期实践总结的产物，是人类智慧的结晶。教师讲一节课的内容，可能是一代或几代科学家研究的成果。从教师来看，一个受过专门师范教育的老师，每一堂课也浓缩了教师的“人生精华”。可以说，在教师的指导下，学生走的是一条最近最直的认识道路。抓住了课堂学习，学习效率就能成倍提高。

（二）做好准备

打仗要打有准备之仗，听课也要做好准备工作。一是心理准备。对每一门课，每一位老师的课要感兴趣，应有强烈的求知欲望，应有向老师、向一切内行人虚心学习的精神。不论那一堂课所学内容是复杂还是简单，是难还是易，是多还是少，都应充满信心、认真对待。课前应保持最佳心理状态，厌学情绪、无所谓的态度、逆反心理，往往使课堂学习收效甚微。二是知识准备。课前对上一节课的内容要有所了解，以便自然衔接新内容；对新知识也应有所预习，带着目的、疑问听课，针对性强，效果就会更好。三是物质准备。预计一堂课要用的书、笔记本、试卷、练习本、笔以及其他文具，都应做好准备。做好了各种准备，进入积极的学习状态就会快一些，学习效果自然也就会好得多。

（三）集中精力

一般一堂课只有40~45分钟，老师备课时已将教学内容和活动设计好了，信息量大、活动多的课，一定要集中注意力，提高学习效率。据国外心理学家统计，13~15岁的初中生可使注意力稳定30分钟，15~18岁的高中生可使注意力稳定40分钟。其实，从目前我们大多数学校的情况看，不少学生注意力的稳定性水平没有达到这个标准，上课时分心、走神的现象还较普遍。有些学生进课堂后，得几分钟才能平静下来，特别是下课10分钟因某方面事情过于兴奋或做过剧烈活动的学生，人坐在座位上还气喘吁吁，老师讲了半天，他还未进入角色，一堂课前几分钟就耽误了。在上课过程

中，如果思想开小差有时讲的最关键的地方没听进去，那一段知识在自己的记忆中肯定是一片空白。接近下课时，有的学生就坐立不安了，老师到这个时候一般是对本堂课内容作归纳小结，结论性的东西不听，将可能留下概念模糊或推导过程不清的后遗症。如果老师是讲学生容易出现的问题和毛病，不听，将重犯别人犯过的错误；如果老师是对某个难题作提示性指导，不听，课后做练习时，将会多走一些弯路甚至无法下手。一堂课自始至终一定要集中精力听课，对学习习惯不好的学生，虽然很难做到，但一定要尽力做到。不少学生浪费了许多宝贵的听课时间，长期下去怎么能不影响学习成绩呢?

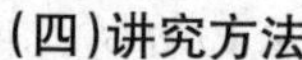

(四)讲究方法

做任何事都必须讲究方法，听课也不能例外。听课的方法一般有：听视并用法、听思并用法、“五到”听课法、符号助记法、要点记取法、主动参与法、目标听课法、存疑听课法等。

(1)听视并用法。大多数学生听课是一边听，一边看。听觉和视觉并用，比只听不抬头看的听课效果要好。听是接受声音信息，看是接受图像信息。又听又看，在通过声音传递来记忆抽象的概念的同时，又可结合图像直观，来强化具体的知识印象。听和看的内容应保持同一性，不能听到彼此，分散听课的注意力。听，一般指听录音、听泛读、听提问、听讲解；看，主要是指看板书、看挂图、看荧屏或银幕上的多媒体画面，看教师的教态，如教师的举手投足、神情姿态。因为教师要借助这些板书、画面、手势，化抽象为具体、变繁复为简明、变陌生为熟悉。这种方法，以听为主，以看促听，效果很好。

(2)听思并用法。边听边思考也是一种有效的听课方法。听一般是被动地吸收，思则是主动地思考。边听边思，可以在由被动转化为主动的过程中，逐步加深对知识的认识和理解。只听不思考，录音机式的听课，囫囵吞枣，谈不上真正掌握知识，更谈不上培养创造性思维能力。一般可从这些方面思考：教材的重、难点在什么地方?老师为什么这样处理教材?老师讲的自己是否真正懂了?老师讲的与自己想的有什么不同?这篇课文与其

他课文有何异同……以思促听,能知其然也能知其所以然。

(3)“五到”听课法。“五到”就是指耳、眼、口、手、脑都要动起来,多种感觉器官并用,多种身体部位全部参与听课活动。同时调动这些感官所获得的感受是一种综合的、立体的感受。耳到:听老师讲,听同学发言、提问,不漏听、不错听。眼到:看课本、看老师的表情、看板书、看优秀同学的反应。口到:口说,包括复述、朗读、回答问题。手到:做笔记、圈重点、批感想、做练习。脑到:动脑筋,心力集中、积极思维。“五到”听课法要求听课者全神贯注,灵活地根据课堂情境和老师要求,适时调整听课方法。这种听课方法,是效率最高的听课方法之一。

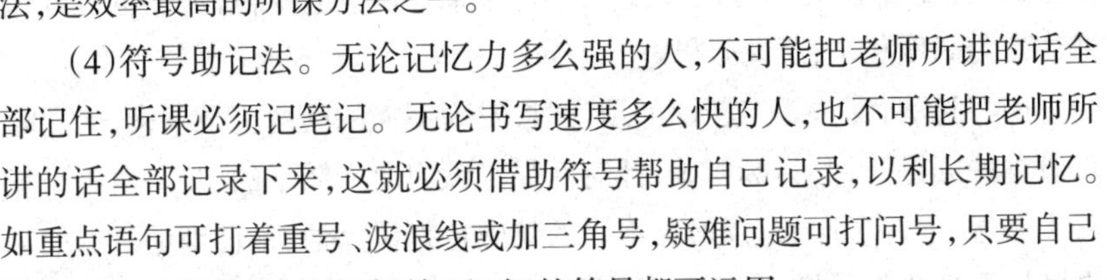

(4)符号助记法。无论记忆力多么强的人,不可能把老师所讲的话全部记住,听课必须记笔记。无论书写速度多么快的人,也不可能把老师所讲的话全部记录下来,这就必须借助符号帮助自己记录,以利长期记忆。如重点语句可打着重号、波浪线或加三角号,疑难问题可打问号,只要自己懂得、自己习惯用的各种有利于记忆的符号都可运用。

(5)要点记取法。有些成绩优秀的学生听课,觉得有必要听的就认真听;觉得对自己益处不大或自己早已懂了的,就不怎么用心听,而做自己的练习。老师讲课,传递给学生的信息是多方面的、多层次的,有时候是与教

材无关的。作为学生不可能也没必要全盘接收。只记重点，只记难点，去掉无用信息是应该的、必要的。抓住要点听和记，比毫无重点地全部听和记，效果要好得多。有人曾做过实验，分三组学生同时收听同一内容的录音带，规定A组全部记录，B组只听不记，C组只记讲授要点。结果A、B两组的学生只记住全部内容的37%，C组学生却记住了58%，可见抓要点，适当做笔记，效果最好。

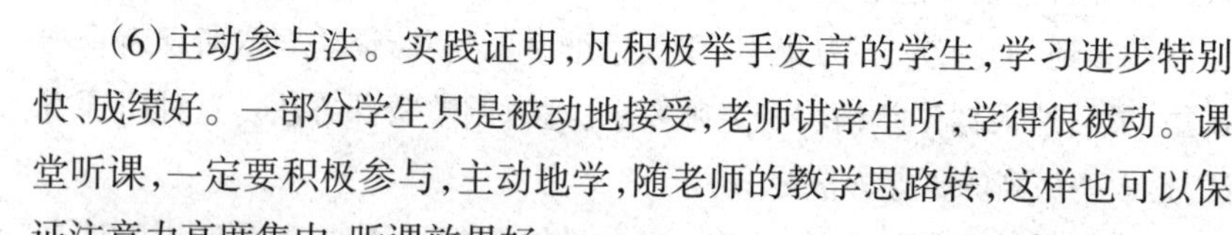

(6)主动参与法。实践证明，凡积极举手发言的学生，学习进步特别快、成绩好。一部分学生只是被动地接受，老师讲学生听，学得很被动。课堂听课，一定要积极参与，主动地学，随老师的教学思路转，这样也可以保证注意力高度集中，听课效果好。

(7)目标听课法。上新课前预习时，发现不懂的问题记录下来，上课时带着这些问题听课，目标明确，针对性强。预习时弄懂了的，听一遍等于复习了一遍，加深了印象；预习时不懂的就应特别认真地听、仔细地听。如果老师讲了还是没弄懂，你还可以在课堂上及时提问让老师再讲。有一定目标的听课，往往比漫无目的听课效果好，能帮助你解决大问题。

存疑听课法。听课时，对疑难问题，不一定马上打断老师讲课，可以暂时记下来，待下课后再思考或再请教同学、老师。这样做，一是不影响老师的教学计划，也不会因个人纠缠某个问题而耽误大家的时间，还可以促使自己深入钻研问题，养成独立思考的好习惯。

听课的方法虽然很多，但也要因人而异，只要有利于提高自己听课效率的方法，就是好方法。

保证有效听课的六种常用方法

听课的方法有多种，这里归纳六种有效听课的方法。

(一)预习听课法

预习是一种学习能力，即学生提前学习教师将要讲授的知识。这也是在课前的自学。

预习可以提高课堂的学习质量。预习是课堂教学重要组成部分,通过预习可以扫除课堂学习的知识障碍,学生带着预习中不懂的问题听课可提高听课水平。同时也可以加强记,课堂笔记的针对性。预习还可以促进自学能力的提高,使学生掌握一套将来没有老师讲时完全靠自学也能学好的本领。所以说,预习是自学的演习。通过预习培养自己的理解能力、思考能力和分析归纳的能力。具备了这种能力,就可以离开别人的搀扶,自己走路了。能独立行走的人,才能迅跑和攀登。

预习听课法一般有以下阶段:

(1)粗略地浏览教材中第二天要讲授的部分的重点和难点;

(2)解答问题,查阅过去与此相关的知识,一面阅读教材,一面做摘要笔记;阅读有关的参考书、习题集等,以加深对教材的理解。

(二)带问题听课法

带问题听课法也叫主题听课法,即听课前有一个明确而具体的目的,重点听关于自己所要掌握、理解的问题,与此无关的可听可不听。这种听课方法的好处:目的明确单纯,注意力能高度集中;有针对性,范围小,便于获得自己所要掌握的知识。

这种听课方法不能孤立地使用,要与"预习法"、"主攻精深法"以及其他方法结合。在听课前需要有明确的目的和准备,事先对所要学习的知识有所了解、熟悉,听课要解决的是不懂的或精深研究的问题。

(三)抓概念听课法

学习每一门知识,都会遇到一些概念。概念,是客观事物本质规律的反映。概念是知识,掌握基本概念,是学习好的关键。听课时必然要遇到新的概念。这就要求首先弄清它的内涵和外延,它是怎样提出来的;其次,要了解这一概念的表述方法;再次,要弄清怎样使用概念进行计算或解决的实际问题;最后,要搞懂这一概念的应用范围和条件。在听课的时候,如果能从教师的讲解中抓住这几个方面,就算抓住了要领。学习概念时,还要从反面多问几个为什么,从不同的角度加深对它的理解。比如学习物理

电学部分时，有一条基本规律："串联电阻中的电流相等"，自己可以反过来问问："电流相等的一般条件是什么？"这样反正结合，就会加深对基本概念的理解。

（四）质疑听课法

质，是根据事实来问明或辨别是非；疑，是疑难或疑惑。解决疑难，明辨是非的过程，就是获得知识的过程。孔子说："学而不思则罔，思而不学则殆。"意思是说，只是学习而不加思考，就必然会迷惘无知；只是思考而不学习就必然会疑惑不解。要在学习中思考，就必须多问几个"为什么"。宋朝的朱熹说过："读书无疑者须教有疑，有疑者却要无疑，到这里方是长进。"明朝的陈献章也说："小疑则小进，大疑则大进，疑者觉悟之机也，一番觉悟，一番长进。"这些都告诉我们要在学习中善于质疑，发现问题。

华罗庚在1930年从一本杂志上读到苏家驹教授的一篇论文，谈代数五次方程的解法。华罗庚很快地抓住了论文的核心，经过缜密地推理，独立地运算，得出了与苏教授完全相反的结果。他大胆地对苏教授的文章提出了质疑，写出了《苏家驹之代数的五次方程式解法不能成立的理由》的论文，引起数学界强烈的反响，从而，也把他自己推上了攀登数学高峰之路。

可见，"质疑"是探求知识真谛的"开山斧"，"质疑"是开发智力的"深耕犁"。我们在学习时，要善于开动脑筋，养成良好的思考习惯，在质疑、解疑中长进。

在上课开始时向老师提问。这通常是提问的最好时机，因为这些问题已经被仔细地考虑过了。措辞准确地提出有关前次讲话或者阅读作业中的问题，常常很快就能得到解答。此外，你感到困难的内容一般班级其他学生也同样会感到困难，在上课的时候教师可能会要求你们对此进行讨论。

但不要问类似"如何做这道习题？"这样的问题，如此提问能使你得到习题的答案，但对你的理解没有什么帮助。好的问题应当是"我解这道题的方法对吗？还有什么别的方法？"这样提问会使你得到有用的信息——使你能掌握举一反三的能力。

打断讲课。如有需要,可以用提问来打断讲课,不要为此而感到害羞。特别是当一些问题模糊难解的时候,使讲课放慢速度或者停顿一下对整堂课来说是有益的。要确信你的问题对你来说是重要的,但也不能过多地打断老师讲课。

课间休息向教师提问。要记住一件事:在你请求帮助之前必须先独立地思考过这些问题,做到(或者试过)布置的作业中的难题。教师与同学的帮助只能补充你自己的工作,学习的主要部分必须由你独立完成。

向其他学生提问。与其他学生讨论,可以有很大的帮助。

(五)总结听课法

总结,是人们认识事物的一个阶段性活动,是学习过程中的一个概括归纳的认识活动。学生对某一知识的学习,有章、节的总结,有一部分或整个教材学习完了的总结,有分类概括总结。总结的作用,可以使分散的、部分的知识系统化、条理化;可以加深对知识的理解,把握内在联系,抓住重点,找出规律;能够在总结归纳中产生新的见解、认识,培养良好的思维习惯。

有些同学平时学习不注意总结,不善于把应该会的知识穿成串,没有完整的印象,综合运用时感到无处下手。任何人在学习时,都是循序渐进的,一步步积累的、一点点突破的,不可能一口吃个胖子。对学过的知识加以总结,无疑,就把个别的方面归总起来了。实践证明,只有完整系统的知识,才能反映事物的规律;只有注意总结,才能真正理解、掌握。

运用总结法要注意两点:一是搞清整体和局部的关系,在理解、掌握个别知识的基础上进行概括总结;二是总结的目的不单单是把知识归纳概括,更重要的是找出内在规律。

(六)要领听课法

学习每门课、每门知识,都须得要领。所说的要领法,就是按照每门知识的内在联系和特点进行学习。如学习语文和数学的方法是不一样的。不讲方法,不抓要领,往往很认真,下了很大的工夫,其效果却往往不佳。

中学阶段学习的科目很多，只有抓住学科特点来上课，才能在获得感性认识的基础上，通过思考来掌握科学的概念和规律。例如语文的特点主要是学习字、词、句、篇等基础知识，并通过听、说、读、写来更好地理解和掌握语言文字。由于有些学生不抓住学科特点来学习，上语文课不重视作文；上外语课不愿意大声朗读；做实验不爱动手。结果自身的与学科特点有关能力发展不起来，学习效率很低，学习成绩很差，难以达到学习目的，完成学习任务。

加强训练，让孩子上课不走神

上课不能长时间专心听讲，注意力分散；常常充耳不闻，无法理解老师课堂讲授的知识；记不全或记不住老师口头布置的作业和事情；复述老师所讲内容时，显得语无伦次……孩子这些上课不注意听讲的问题常常困扰着家长。

其实，孩子上课不注意听讲，除部分真正患有“多动症”外，相当多的是由于缺少一种重要的学习能力——听讲能力(也叫听知觉能力)。听讲，是人们获取信息的重要途径，听讲能力的高低是决定孩子能否聚精会神听讲的重要因素。人的听知觉能力包括分辨能力、记忆能力、理解能力、编序能力和听说结合能力。如果你的孩子上课总走神，听讲能力差，那么可以尝试着按以下方法训练孩子。

(1)要找出孩子上课注意力不集中的原因，然后对症下药。

上课走神，有可能是因为孩子不能理解老师的授课内容，老师所讲的知识未能进入孩子已有的知识结构。

这时应当提高他们的理解能力，弥补上知识的空缺之后，他们就能够理解老师所讲的内容，能与老师进行沟通了，他们的注意力就会长时间地集中在课业上了。

一些孩子上课爱发言，但涉及写作业、抄课文等则会出现注意力不集中，出现拖拖拉拉的现象。

他们的注意力分散与书写有关。这是因为视觉分辨力和视觉广度及

精细肌肉动作能力落后，不足以应付大量抄写任务，也就是教育心理学称为的“视试动统合能力落后”，需进行一些专项的小训练加以调整。

感觉动作能力的落后也是上课注意力不集中的一个常见原因。

比如，有的孩子已经上小学了，但仍然不会翻滚，不会接、抛球，不敢走平衡木，更不会跳绳，不会辨别方向。由于身体本体感觉的混乱，外界的物理世界也是混乱无序的。更重要的是，这种动作功能的落后，妨碍了他们从外部世界中提取有用的感觉信息，许多感觉信息未能传达到大脑，从而出现视而不见、听而不闻的现象。

(2)要防止儿童上课走神，作为家长应积极引导，正确对待。

要掌握情况，摸清原因。作为家长，要积极主动地与老师联系，知道孩子在哪些课上不专心，是因为听不懂，不会做；还是没有兴趣，不专心。只有这样，才能有针对性地补课和说服教育，让他跟上班级的进度。时间长了，孩子就会知道上课不注意听讲，还得补课，占用了课外学习时间。明白了这一道理，孩子自然而然地开始专心地听讲。

因材施教，正确引导。你的孩子对老师讲的内容不感兴趣，不是不会，也不是会了，而是根本不关心，心里想着自己喜欢的事。作为家长应协助老师正确地进行引导，明确学习目的，激发学生学习兴趣。并根据孩子的注意力特点进行培养，强化儿童的注意力，使有注意和无注意交替进行。在这种情况下可以激发他想长大，相当大孩子的心理，大孩子是什么都应该会的，所以就要好好学习，专心听讲。

多多表扬，树立信心。表扬是促进孩子成才的关键，要从善于肯定孩子的成绩开始。如果你的孩子取得了好的成绩，你就可以给他买一些书或一套新衣服作为奖励。实践证明，经常得到父母的鼓励和支持，一个充满信心的孩子，往往会获得成功，更不用说专心听讲。老师要多提问不专心听讲的孩子，让其实实在在地感受到回答出问题之后的快乐。

有些学习时注意力不集中的孩子，一旦玩起电子游戏来，却又那么专注，一玩就几个小时，眼睛片刻也不离开屏幕，这当中其实就有如何培养孩子控制注意力的问题。要提高孩子控制注意力的能力，不妨进行些小小的

训练。如对幼儿园的孩子,你唱一首歌,要求注意听歌词,然后问他听见了什么;让一个稍大的孩子,大致地看一看书的页码,而后悄悄拿走这一页,问:还记得你刚看到的那一页的页码吗?也可讲一些类似"小猫钓鱼"的故事,跟孩子讲一讲小猫做事情不专心、一心两用,导致没有钓上一条鱼,启发孩子做事情要专心。

超静觉高效听课法

北京大学、清华大学高考状元们的学习经验有四件宝:听懂每一堂课,建立小题库,考后100分,反刍课本。"听懂每一堂课"是考高分的第一宝。真正听懂每一堂课是最简单的、最有效率却又最难做到的复习要求。200天的复习时间,每天8节课,一共16节课。这1600节课,每一堂课的精华内容全部都能领悟融化在脑子里,每一节课都能始终如一的专注听讲思考,那么你的学习效率将不知提高多少倍,你的高考成绩将不知有多么大幅度的提高!老师们讲课,常常是"课堂45分钟,课后十年功"。这些并不是夸张。高三复习时,老师课堂讲授的东西绝对是复习中精华内容的浓缩。记得一位特级教师谈过:高一高二备一个半天课的内容都能在课堂上讲给学生,但高三备一个半天的课,只有一小部分能讲给学生,而这一小部分恰恰是复习中最精髓的东西。北京大学、清华大学的高考状元们的听课箴言是:"课上10分钟,课后半天功","课堂走神1分钟,课后摸索半天功","课堂45分钟,黄金学生时间中的黄金时段"。许多教育专家的研究结论是:学生在课堂上40分钟内所掌握的知识,比课后自学3小时掌握的知识还多。提高学习效率的关键是提高听课效率。听课效率一旦提高了,做到听得懂、悟得透、记得牢、思得勤,自然而然带动其他学习环节的效率。

如何提高课堂听讲的学习效率呢?如何保持课堂45分钟大脑思维状态与老师时刻同步?如何保持长时间全神贯注全脑专一的听课注意力?下面向同学们介绍超静觉高效听课的十种诀窍:

(1)每天开始坚持累计不少于1小时、中等强度的体能锻炼时间,以强健身体,充沛精力,焕发生命活力;每天保持课间10分钟彻底放松休息的好

习惯。课间多一些轻体力健脑动作，畅通大脑血液循环，活跃气血，放松神经，增加大脑听课时的供氧及精微生理能量物质的输送供应，为课堂45分钟的高度集中注意力储备足够的脑力生理物质基础。

(2)调节听课心态，优化听课效率，让自己潜意识喜爱听课，似乎潜意识对每一堂课都有一种渴求感、新鲜感。“喜爱听课”是最大的听课效率；“渴求听课”是最完美的听课境界。对于不太喜欢的课或心里感觉有些别扭的课，可找来一张白纸，认真列出喜爱这堂课的十几条，甚至几十条好处、优点、理由，让潜意识有注意焦点接受这些无法回避听课的理由、优点、好处。隔两天重复做一次，慢慢就说服潜意识喜欢上这些课，进入积极的听课心态。

(3)听课中随时让潜意识品尝专注学习的听讲快感——美感、喜悦感、领悟感、庆幸感。只要你的潜意识喜欢听课，那么没有什么可以阻碍人学习的进步。一堂下来，你非但不会以长达45分钟为苦，而且还会喜欢爱上这种听课。就好像收音机调对频道，老师的话声声入耳，你会发现老师的话中竟蕴含着这么多奥妙!

(4)听课前用良性听课信息暗示自己。听课前，要放松闭目一两分钟，向潜意识暗示输入良性听课信息：“物理老师的板书最漂亮”、“语文老师的讲话很幽默”、“数学老师的例题很精彩”等等。用“我是物理状元”、“我最喜欢XXX老师的课”、“XXX老师讲课很精彩”的良性信息调整优化听课心态，就好像电视机的接收频道自动选台一样，把接收频率范围调整到最佳位置，使自己心、脑、意、手、耳、目、口七位合一，全神贯注集中到听课内容中去，使自己的听课思维与老师的讲课思维发“共鸣”、“共振”，如此听完一节课的内在收获比漫不经心地听五节课还要多。

(5)听课时头部保持端正的姿势，好像从天空中垂下一根绳子系在头部轻轻向上提起。这样听课，有利于颈部脑部血液循环畅通无阻，精神抖擞。

(6)用一种面部放松、面含微笑的姿态听课，心情放松、思想放松、身体放松、头部放松、面部放松。面呈三分喜漾内心的笑意。微笑和放松可诱

导大脑进入意识清灵的听课状态，唤醒潜意识的超级学习潜能——整体性学习信息编码能力，把听课的内容直接输入到深层的神元系统，在潜意识留下极深听课印象的记忆烙印。

《学习革命》一书介绍保加利亚教育学家罗扎诺夫博士通过音乐诱导、催眠暗示的方式使学生进入一种忘掉一切高度放松身心喜悦的超静觉放松状态学习外语，一天可记住1200个外语单词，记忆保持度是96.1%。

(7)在上述听课过程中，双目要始终保持半眯着眼的状态。不是睁大眼睛直愣愣地力图看清黑板上的每一个字每一个符号，而是用半眯着双眼的目光放松扫视黑板上的文字、例题、图表。这是保持45分钟不走神的奇佳小"秘诀"。

眼睛瞪得大大的一点不眨的听课方式容易造成视觉神经的过早疲劳，引起听课注意力的涣散，连续听几节课后，脑子里会感到很累。

养成半眯双目的放松听课习惯，越听越想听，听着听着内心里面有一种很亮堂的充实感，下课后头脑还很清醒。在与听课有关的听觉神经、视觉神经、思维中枢功能区等大脑神经中，听课信息摄入量最多的是视觉神经，因此，视觉神经最不容易长时间维持兴奋状态。这就是半眯双目听课效果比瞪直双眼听课好的生理原因。

(8)正式听课前用双手使劲搓搓脸部，按摩面部的穴位，改善面部血液微循环。听课结束后如此做一遍，刺激面部血管经络，活血健脑，使大脑始终处于精气神十足灵敏清醒的听课状态。

(9)如果听课中感觉心里有些烦，悠然走神了，可以慢慢缓缓均匀地闭上双目，再慢慢缓缓均匀睁开双眼，如此一睁一闭、一开一合、一眨一睁，重复七八次，让大脑视觉神经彻底松弛休息一下，再去听课，学习注意力又能高度集中起来。

(10)老师讲课结束后，切切不要马上急着看书做作业，而是闭上双目，放松后仰头，把刚才听课的重要内容精彩部分再像放电影一样从头至尾过滤回味一遍，使其在大脑烙下的长期记忆痕迹更深刻些，把老师讲课的内容真正吸收融化在脑海中。

课堂上的“黄金时段”十分重要，不可替代。不要认为课前预习、课后复习能取而代之。那种学习效率、听课效果是大大不同的。为什么要白白浪费错过课下半小时、一小时甚至几小时自己琢磨、而课上仅需老师几分钟指点就可使你恍然大悟的东西呢？这笔听课效率让每位学子心中都会有数的。课堂上45分钟，学习氛围之浓是其他任何时候不可比拟的，这是对大脑潜意识最有效果的激励。“课堂上解决一切学习问题”的做法会使你进入良性循环的复习轨道，而且把握住全神贯注听课所带来的充实轻松的成功感受是绝对可以与攻克久悬的难题的喜悦感觉相媲美的。

集中精力听讲，向课堂45分钟要成绩

上课集中精力听讲是学好功课的关键。虽然老师可能经常向学生强调，“上课要认真听讲，记好笔记”，但事实上，许多学生上课时，思想还是容易开小差，即所说的“走神”。从而造成了这些孩子因没有领会老师的讲课内容而成绩下降。

为了克服上课“走神”的毛病，父母应指导孩子注意以下几个方面：

(1)明确目的意义。应让孩子明白，在学习某门功课或完成某科作业时，必须对学习的目的意义有明确的认识；每弄懂一个问题、做好一道题，都是向成功之路迈出了重要的一步，由此来提高自觉性、增强责任感、集中注意力。坚持这样做，即使注意力一时分散了，也会立刻引起自我警觉，把分散的注意力收拢回来。许多学习效率比较高的学生，这和他们上课能认真听讲，很少“走神”是密不可分的。

(2)培养间接兴趣。注意与兴趣是孪生姐妹。没有浓厚的兴趣，对事物漠然置之，就很难集中注意力；反之，有了浓厚的兴趣，就会在大脑皮层上形成优势兴奋中心，使注意力高度集中。有的孩子只对远大理想(如当科学家、管理者、医生)，而对具体解决一个学习问题或背一个外语单词或做出一道题这样具体的学习活动则感到索然无味。其实，做好一道题、解决一个问题，通过背单词学好外语，是实现崇高理想的必备程序。在学习中，需要用崇高理想(如当科学家)这种间接兴趣来调节和调动自己的心理

和行为。懂得这一点之后，就不会在学习时分散注意力了，即使一时“走神”，也会自觉约束自己，强迫自己把注意力再集中起来。

(3)克服内外干扰。注意力分散与内外干扰有关。外部干扰，主要是指无关的声音、分心的视觉刺激物以及自己感兴趣的事物等等。内部干扰，主要指疲劳、疾病、与学习无关的思想情绪等。克服内部干扰，除了培养正确的思想、情感外，还要积极锻炼身体、保持健康身体、保持充足的睡眠、有意变换学习内容，避免用脑过度、防止身心过度疲劳等。克服外部干扰，除了要尽力避免影响注意力的外界刺激，例如学习时把桌面上的报纸杂志收掉、自习课不听收录机，还要有意识地锻炼自己的意志力，培养“乱中求静”的本领，使注意力能够始终高度集中。

(4)注意方法技巧。要使自己能集中注意力，还得注意方法技巧。例如，在课堂上，当老师讲到自己费解的问题时，可进行“自我提醒”，“现在我的注意力一定不能分散，否则我将越来越弄不懂了”。在课间10分钟，一定要休息，因为激动紧张的心情有惯性，课间10分钟的休息，可以抵消这种惯性，使神经系统得到放松，从而有利于下一堂课迅速实现注意的完全转移。

(5)养成注意习惯。前苏联心理学家索维契克说过：“要想在课堂上集中注意力，我们还要从一年级就学会做简单的事情开始吧!身体坐正，操作起来，做好听课准备……这样，我们就会非常容易地把注意力集中在老师的讲解上”。

确实，如果听课时趴在桌上，怎么能使注意力集中呢?所以，必须让孩子知道，为了使自己上课不“走神”，必须从养成良好的坐姿开始。虽然一开始他们会觉得不舒服，甚至还有些痛苦，但若坚持下去，就会逐渐明白这样做的好处。

学会做好课堂笔记

做课堂笔记，是一个很重要的学习技巧。

(1)笔记是一份永恒的记录，可以给日后温习带来方便。对于一些难度较大，需要课后反复思考的科目，这种方便性尤其明显。

(2)这份永恒的记录,可帮助我们克服大脑记忆方面的限制。俗话说:“好记性不如烂笔头。”一堂课下来,即使是再聪明仔细的学生,最多也只能回忆课堂内容的大概结构,大部分细节很快就会淡忘,特别是那些资料性比较强的内容(如图表、数字、公式等)更容易被遗忘。为了充分消化和理解,记录听课内容非常必要。

(3)做笔记充分调动耳、眼、手、心等器官协同工作,可帮助学习。表面上看,做笔记会妨碍听——一边聆听,一边又要写重点,似乎永远都比讲话者落后,但只要处理得当两者便可兼顾。比如专心听讲,只写下适当的重要字眼,事后再重组课堂内容。事实证明,会做摘录笔记的学生,成绩好过没有做摘录笔记的。在一次实验中,让一批学生听一堂课,数星期后对他们进行了一次测验。结果表明,那些课堂上做摘录笔记的,平均得分是65%,而没有做过摘录笔记的,只得25%。

将论点写在笔记本上,是否真能帮助我们记下该要点?为了解答这个问题,专家们做了一项实验:一班学生边听一段课文,边做笔记。一星期后,让他们尝试记述内容。结果发现,他们回忆笔记内容的能力,是回忆笔记以外资料能力的六倍。所以,如果你想记下一项资料,那就将它写在笔记本上吧!

那么,怎样做好课堂笔记呢?

(1)备足笔记本。

学期初便应准备10多本较大的活页笔记本,保证每一科目至少有一个笔记本。不同科目的补给本,大小可略有不同,但须保证笔记本的纸张充足。

(2)做提纲式笔记。

做笔记不是要将所有东西都写下,我们需要的只是“详略得当”的笔记。做笔记究竟应该完整到什么程度,才能算详略得当呢?对这个问题很难作出简单回答。课堂笔记,最详可逐字逐句,有言必录;最略则寥寥数笔,提纲挈领。做笔记通常在这两种极端之间,笔记的详略要依下面这些条件而定。讲课内容——对实际材料的讲解课可能需要做大量的笔记。

对讲授的主题是否熟悉——越不熟悉的学科,笔记就越需要完整。所讲授的知识在教科书或别的书刊上是否能够很容易看到——如果很难从别的来源得到这些知识,那么就必须做完整笔记。

有三种做笔记的方式可供选择:尽可能完整记录;只作概略的提要,或者根本不做笔记;做提纲式笔记,在必要时,可以较为详细地记下一些定义、表格、图解等。一般都采用第三种方式。

特意把笔记记得很全的人,主要是担心漏掉重要内容,影响以后的复习和思考。但一贯把笔记做得特别详细并不好,其主要缺陷在于,太忙于记录,便无暇紧跟老师的思路去思考。如果只是零星记下一些突出的短句或使你感兴趣的内容,那你的笔记就可能显得凌乱。做提纲式笔记因不是自始至终全都埋头做笔记,故可在听课时把时间更多地用于理解所听到的内容。事实上,理解正是做好提纲式笔记的关键。

(3)科学分配注意力。

可采用三种方式分配听课时的注意力:

①把全部注意力放在做记录上。这时,记忆减退居次要地位,听课几乎变成了听写,这样听课必然导致对很多问题缺乏理解;

②用于50%的注意力听教师讲解,用50%的注意力做记录。这样做,学生会理解并记住大部分内容;

③用90%的注意力集中听讲,并积极动脑思考,只用10%的注意力作简要的笔记。这种笔记不是对教师原话的记录,而是经过自己思考后的语言;这样做,学生不仅能全部掌握所学知识,而且还会有创造性的发现。也因为这个原因,我们主张学生在听课的时候记提纲式笔记。

(4)层次分明,一目了然。

好的笔记,使人一看就知道这一节课解决了哪几个问题,重点是什么,难点是什么。这就要求:记录内容一定要有条理、有层次、分段分条记录。不要将几个问题掺杂在一段文字中。

(5)多留空间。

不要吝啬纸张,每页的上下左右,都要留适当空间,以便温习时加上自

己的心得、疑问或者其他补充资料。此外，绘图要大而清楚，论点之间要有充足的空位，以增强笔记的“视觉效果”，便于温习。

(6)准确记录。

知识的第一印象很难改变。实验研究证明，一个学生在首次记录中发生错误，即使以后给他正确的信息，他也很难改正原来的错误。所以，做笔记时，资料一定要正确，比如抄板书时就要小心，不要错漏。此外，下课后要抓紧翻阅笔记，将不明白或不肯定的部分加上记号，并请教老师，及时补正。

鼓励孩子发言

一次家长会以后，老师把小美的母亲留下来向她反映了个问题。老师说小美上课不爱发言，课下不爱和同学说话。家长听了很着急，反映小美在家里也少言寡语，就算说话也是小声地，明年孩子就上初三了，总是这样下去可咋办呢……

事实上，这种现象并不是个别的。就算是在中学生中，也有很多孩子“发言不积极”。经过老师的调查发现，不擅长发言的孩子一般有三大类：一是孩子的胆子小，不敢发言；二是孩子的性格内向，不喜欢发言；三是孩子缺少方法，不知道怎样发言。对于前两类孩子，家长应该帮助他们克服心理上的缺陷，让孩子变得爱发言。对于后一类孩子，家长应该帮助他们学会发言。

(一)鼓励孩子发表见解

针对孩子胆小的特点，家长最好常常给孩子讲一些英雄模范的先进事迹。例如，武松打虎、八路军打鬼子、警察捉小偷的故事等。孩子们是很仰慕英雄的，愿意向英雄们学

习。家长还应该适当地向孩子提出学习英雄们勇敢无畏的精神，要首先落实到敢于发言。只要家长有计划地这样坚持做下去，孩子就能变得勇于发言。

（二）帮助孩子学会发言

有些孩子想发言，可是得不到要领，不是没有头绪，就是废话连篇。这是孩子不擅长发言的另外一种表现。因此，家长应该帮助孩子做到“言之有理，言之有序，言之有物”。

言之有理。家长应该帮助孩子在发言时围绕着一个中心有关的内容就多讲，具体来说，与中心无关的内容应该少说。孩子明白了“发言应该围绕一个中心”以后，才会把话说好。

言之有序。家长应该让孩子知道，发言时要有顺序。讲完一层意思以后，接着讲另外一层意思，要注意各层之间的联系，使讲话的内容上下连贯起来。这样的发言才能使人明白。

言之有物。家长要在帮助孩子“说话”的时候，做到以“事实”说话。这是非常有效的一个方法。应该让孩子知道，介绍物体，应该具体地指出物体的颜色、形状、大小、声音、气味、质料、作用以及感受；介绍事情，应该具体地讲出事情的发展变化过程；介绍人物事迹，应该列举出具体的事迹等。有的时候，还可以用打比方，列举数字来补充所要发言的话题。

（三）给孩子起示范作用

第一，家长平时讲话应该给孩子树立榜样。讲话要努力做到“言之有理，言之有序，言之有物”。为了激发孩子的积极性，家长讲了一段话以后，可以让孩子讲讲这一段的题目，这段话的主要内容以及这段话的顺序是什么。这时，家长讲的这段话必须清楚、规范，这样孩子才能有所收获。

第二，家长要有意识地收集小故事。在日报、文摘报上经常刊登一些有趣、有意义的短文，例如《盲人入海救起溺水者》等。家长最好读给或者讲给孩子听，接着让孩子复述出来。复述的时候，应该让孩子按照发言的要求做。

第三，家长应该严格要求，耐心地辅导孩子，认真地帮助孩子提高发言的水平。例如，平时只要听到孩子讲话，就应该用正确的标准衡量孩子的发言内容。好的要及时表扬，不好的要及时指出，使孩子重新发言。教育孩子，要想好了以后再说，发言的时候要消灭“嗯，啊”等口头语，最终使孩子提高发言的质量。

高中学生的语文听课技巧

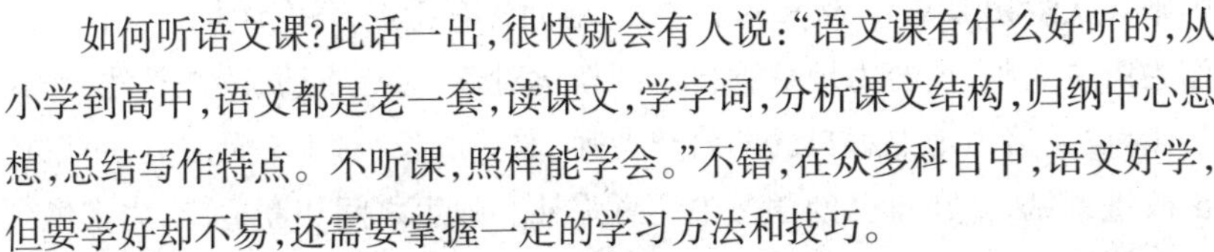

如何听语文课?此话一出，很快就会有人说：“语文课有什么好听的，从小学到高中，语文都是老一套，读课文，学字词，分析课文结构，归纳中心思想，总结写作特点。不听课，照样能学会。”不错，在众多科目中，语文好学，但要学好却不易，还需要掌握一定的学习方法和技巧。

要想学好一门功课，听课是关键。一位优秀的老师，在课堂上传授的不仅是知识，同时还教会学生如何学习。正所谓“授之鱼，不如授之以渔。”语文注重培养学生的听说读写能力，这种综合能力的培养，只有在课堂教学中才能充分体现出来。高中学生在课堂上，接受的不只是每篇课文所要掌握的字词、文章的主题和写作特点等语文知识，更重要的是，通过老师在课堂上的讲解和引导，学会如何通过对课文的阅读和学习，感悟课文表达的情感，把握课文的主题、学习作者如何布局谋篇的。而孩子成绩的好坏也往往取决于课堂短短的45分钟的听课效率。听课效率高，可以收到事半功倍的效果。

在课堂教学中，老师对课文的讲解分析，实际是在培养学生“听”的能力。在课堂上，老师所讲的内容很多，善于从老师的讲解中抓住要点、重点，这才叫做会听。而老师的提问旨在培养学生的说读的能力，学生在思考问题回答问题的过程中，需要再次阅读课文，然后将相关信息进行整理，表述出来，从而提高阅读能力和语言表达能力。如果能正确、流畅地表达出来，这无疑也同时提高了写的能力。这些能力的培养是学生在课后的语文学习中无法达到的。真正会学习的人都善于利用课堂45分钟。

我们在知道了听课的必要性和重要性后，就会想，如何听课才能取得

最佳听课效果，掌握语文知识和提高能力呢？

(1)要熟悉老师的讲课特点和方法，了解他的长处和短处。

语文课的教法，本来就灵活、多样。语文老师的特点和爱好，更是各式各样的，有的老师喜欢讲得多一点，发挥得多一点；有的老师讲得不多，却很注重学生的练习；有的老师喜欢用串讲法；有的老师喜欢用评点法或者谈话法；有的老师很擅长指导学生写作；有的老师喜爱文学，很注意培养学生的赏析能力；有的老师知识渊博，讲起课来广征博引，海阔天空；有的老师则喜欢紧扣课文，一板一眼。总之，他们各有特点，各有所长，各有所短。作为语文老师，要努力地熟悉自己的教学对象，对症下药，改进教法；作为学生，也要努力地熟悉自己的语文老师，取其所长，对于不足之处，可以提出改进意见，并在自己的学习中注意弥补。师生之间相互适应，力求做到配合默契。

(2)要充分利用课内的时间，提高效率，增加课内的容量和密度。

每节课应该掌握的知识，要争取大部分在课内解决。老师应该这样做，学生也应该这样做。多数学生会有这种感觉：听数、理、化的课，精力比较集中，因为不听讲就不懂，落下的课补起来也很费劲；反之，听语文课，有时精力容易松散，因为不听讲似乎也能明白，落下几节课关系也不大。出现这种情况，和语文学科的特点有一定关系。从知识的系统性、连贯性来看，它的确不如理科严密。所以，我们更应该针对语文学科的特点，学会听讲，学会把握老师讲课的要点，学会利用课堂的空隙时间。譬如，学习《崇高的理想》这篇课文，通过老师的讲解，已经理清了全文的思路，把握住分论点和总论点之间的关系，如果课上还有时间，还有精力，就可以精读一些重点段落。如本文在论述思想的社会性、阶级性时，即列举了历史上的许多正面人物，也列举了一些反面人物，两相对照。归类列举法和正反对比法运用得都比较好，我们就应该主动深入下去，加深理解。另外，这篇文章语言上也有特点，用了许多成语典故，我们也可以利用空隙，及时复习巩固。又譬如，老师要求背诵的课文，只要课上有可利用的时间，也应该争取在课内基本背会。总之，凡是课内有时间、有可能解决的问题，都不要留到

课外去解决。围绕着老师讲解的课文去思索、去联系、去加深、去巩固，努力提高课内时间的利用率。

(3)要在课内主动赢得各种机会。

要在课内主动赢得学习语文知识和锻炼语文运用能力的各种机会提问、朗读、背诵、辩论、讲演、黑板前演示，作文评讲中的例子(无论是好的还是差的)等等，只要有机会，就要积极参加。这对于提高语文水平、特别是口头表达能力，是很有好处的。现在我们每班人数，一般不会少于四五十人。所以，这种机会，轮到我们每个人的名下，覆盖率不是很高的。自己主动一些，这种锻炼机会就可能多一点。

(4)在课内学习中，必须发挥独立思考的精神。

选入课本的文章，当然是范文，但范文也并不是十全十美的。如有的同学指出《在马克思墓前的讲话》的第三段里，“从而”一词翻译得不够准确。同样，语文老师的分析讲解，对我们来说，当然起了示范的作用；但也并非是十全十美的。在听讲中，要有独立思考的精神。有不同看法，可以大胆、主动地提出。做语文练习时，要独立完成，要认真思考，力戒“抄风”的泛滥。不要抄袭同学的作业，也不要照搬“教材”上的答案。

怎样听好数学课

随着国家基础教育新课程标准在全国的逐步实施，数学课堂教学方式正在发生明显的变化。教师在教学中不仅要考虑数学自身的特点，更要遵循学生学习数学的心理规律。具体做法通常是：通过选取合适的学习素材，设计有效的数学活动过程组织数学教学；向学生提供充分从事数学活动的机会，引导学生在自主探索，动手实践，合作交流的过程中理解和掌握基本的数学知识和技能以及教学思想和方法。这样做有助于发挥学生学习的主动性，使学习过程成为在老师引导下的“再创造”过程，有利于激发学习兴趣和养成独立思考，勇于探索的学习习惯。那么，孩子们应该怎抓住这些有利因素，在数学课堂教学中适应这些变化，努力提高学习质量。这里，向同学们提出如下建议：

以前，总强调学生在课堂上要认真听讲和做好笔记。现在，在新课程理念指导下，要求老师不再是一味地讲解和示范，更多是比较注重设问题情境，鼓励学生大胆探究，让孩子们积极思考充分展示成果，倾听和了解孩子们并提供适当的帮助。如果孩子们仍像以前那样处于专心等待老师系统讲授的状态，这样不利于激活思维，也不利于孩子之间碰撞出思维的火花，长此以往，思维就会钝化，学习效果自然不理想。因此，孩子们在课堂上要在老师创设的问题情境中，产生和班上同学竞赛的心理，进行超前思维，努力争取想到同学的前面去。当老师给出问题的条件时，自己就去猜想它的结论，一个新的概念出现，自己就想它与以前的哪个概念有联系，应该怎样定义它才恰当；新的定性和公式出现时，要揣摩它是怎样发现的，争取自己推导出来；老师给出的例题，自己先用脑分析，然后，在老师启发下，大家做出的解答对比，随着学习的深入，估计与这类问题相关的一些问题的思考，还有哪些问题待进一步研究，自己尝试探究之。有这个思维过程，再注意在课堂上吸收其他同学的思考成果，以及老师对有关问题的点评，对问题的理解就会再上一个台阶。这样参与课堂教学活动的优点是显而易见的。公式和定理是自己推出来的，例题的解法是自己分析出来的，体会当然深刻，即使忘了，自己也可以再推出来。更为重要的是在这个过程中，养成学生积极思考的习惯，有利于培养创新意识和创造性思维能力，这将使其受益终身。

怎样听好英语课

对于如何学好英语课，我们认为语言这类科学是听说读写的过程，但对于初学英语的孩子来说，听显得尤为重要，提高学习成绩首先要提高听课的效率，充分把握课堂的45分钟。

（一）以听为基础

听和说是人们在英语口头交际活动中不可分割的两个方面。听是说的基础。开口说话的关键是首先要听清楚、听准确，然后才能开口模仿。

如果没有听清楚就去模仿，必然模仿得不正确，说出的话别人听不懂，也就会影响说的积极性和说的信心。而英语又很大程度上取决于模仿，语音、语调均需模仿。如果听的不准确，模仿的也必然不正确。听也是说的准备，听了之后才会产生“说”的愿望。听是一种语言输入，只有经过了大量听的活动，扩大了语言的输入量，才能培养语感，提高口语能力。另一方面。只有多听，提高了听力才有可能提高说的能力。因为只有听多了才知道英语是怎样说的，哪里该重读，哪里该轻轻带过；才知道怎样表达是英语的习惯表达，减少汉语表达的影响；也才能够通过听不断纠正自己的语音、语调。从而不但会说、敢说，而且还能说得好。

发挥主体的作用。有的同学认为，上课就是老师讲，学生听。他们把学习比作送货进仓，自己只要打开“仓门”等老师把货物装进去就行。这样的听课，是把自己放在被动的地位。同学们要提高听课效率，重要的是要对老师的讲解和提问，积极地进行思考，主动去吸收知识，发挥课内学习的主体作用。

老师的讲解和指导为同学们学习创造了前提条件，但老师的讲解和启发再好，如果同学们不积极思考，不主动消化和吸收，是不能很好地完成课堂学习任务的。课堂学习和吃饭一样，别人是不能代替的。要上好课，必须积极参与课内的全部学习活动，不当旁观者。对老师的每一个提问，都积极思考，主动发表自己的看法。

（二）做好课前预习是关键

做好课前准备。教师讲课要备课，实际上学生听课也要“备课”。学生的备课包括：抓好预习这一环节。“预习”就是在听课前将老师要讲的内容事先看一遍，做到初步了解，为学习新知识做好准备。预习作为系统学习的首要一环，能使听课具有针对性，提高听课效率。通过预习，了解了老师将要讲的内容，上课时就能跟着老师的思路去听课，化被动为主动，有效地防止思想“开小差”。

能有选择地听课。由于知道了教材的内容，明确了重点和难点，就可以有选择地、重点地听讲和记笔记，较好地消化所讲的内容，从而大大提高

了听课的效率。

能带着问题听课。通过预习，知道了自己不懂的地方，当老师讲到这些地方时，能集中精力加以解决。

(三)要努力听好每节课

课堂，是教师传道、授业、解惑的地方；是学生获取知识、培养能力、开发智力的场所。课堂学习有着举足轻重的作用。听课，是学生系统学习知识的基本环节和重要方法。要想学得好，就要会听课。因此，要紧紧抓住每一个45分钟，努力听好每一节课。

1.上课要专心听讲

一般来说，老师在讲授新知识之前，常要提问复习旧知识，这个环节不可忽视。当老师讲授新知识时，一定要做到耳到、心到、手到、眼到、口到，力争做到边听讲、边分析、边记笔记，自己的思路一定要跟着老师的思路走。这是关键的一步，像在英语课当中，课堂上老师会给我们介绍许多的语法知识，这也就是所谓英语当中的规律性的东西。抓住了其中的一个会造例句了；就应该同样地用于其他的句子当中。这也就是我们说的能力培养。因为你掌握了这种语法，就可以轻松地运用到类似的句子中。不少同学听课时不是埋头自思，就是埋头做笔记，思想不能与老师保持一致，这是一种很不好的听讲方法。听讲时，思想上必须与老师讲解的思路保持一致，听老师对语法知识是怎样分析、讲述的；听老师解决问题是用什么方法、技巧；听老师对问题有哪些提问和解释。这样才能把握住听课的重点。

要听好每一节课，关键是要提高听课的注意力。上课时，应该围绕着所学内容，积极思考。要做到积极思考就要做到专心听讲。在心理学上把专心听讲叫做集中注意力。集中注意力就是把注意力集中到老师所讲的重点上，集中到预习时遇到的难点上，集中到老师讲课的思路上。这就是专心听讲的涵义。有些同学上课时思想“开小差”，分心走神，影响了听课的效率和学习成绩。这里面原因很多。主要是由于意志薄弱、管不住自己。怎样才能克服这些毛病呢?首先要明确目的。我们学习英语不仅仅是为了应付考试，因为学好了英语，可以看许多英文方面的资料，可以了解许

多关于西方的一些知识。这样你就会觉得学习英语是一件十分有益的事情,从而增强了你的学习英语的兴趣。态度端正了,目的明确了,就能严格要求自己。这样每次思想“开小差”时,就会自觉地将注意力收回来。另外,上课不要去苦心思索上节课没有解决的问题,集中精力学好本节的内容,否则就会造成恶性循环。同时,还要控制自己,不管外界刺激多么诱人,也要不动声色。

要以理解为主。听讲的目的,就是要听懂老师讲解的内容。有些学生听讲时分不清主次体,结果抓住了芝麻,丢掉了西瓜。课堂上听是主体,“听讲、听讲”主要就是先“听”,这是主体,“想”与“记”是次体。原则是先听清楚再思考,思考懂了再做笔记,不要只顾思考和做笔记而忘记了听讲或顾不上听讲。

要有比较的听讲。听课中,要把自己在预习自学中的理解,和老师讲解的相比较,看自己和老师有哪些相同点和区别点。通过这种比较,一定能加深理解。

要听懂重要细节。俗话说:“会听,听道道;不会听,听热闹。”课堂上听讲也是这样一个道理,会听讲的学生,能听出头头道道和问题的来龙去脉;不会听讲的学生,只是听听热闹。听讲时一定要听懂老师所讲的每一个重要细节,在这个细节上看老师是怎样思考、分析、判断和处理的。越是细小的重要细节,就越能学习到更多的知识。

要积极回答问题。老师的提问往往是教材中的重点、难点或需要引起特别注意的地方,要快速思考、踊跃发言。在别的同学回答问题时,也要精力集中,边听边分析正误,留心不完善的或有错的地方,随时准备补充和纠正。上课不仅仅是老师向学生单向传递知识的过程,而且是老师和学生双向交流信息的过程。其中的主要形式之一,就是老师提问,学生回答。这样做,一方面可调动学生的积极性,启发大家思考,提高听课效率;另一方面还能锻炼同学们的语言表达能力和大脑的快速反应能力,将被动的听课变为主动的参与。因此,你可不要失去这样的好机会呀!要随时准备积极发言。

要敢于质疑。课堂上有不懂和疑难的问题，有不同的想法，要敢于提出，以求得到老师的及时帮助。每位同学都可能遇到上课听不懂的情况。在这时候，有的可能会说："反正我听不懂，再听也无用，干脆来个不听"；有的则一味埋怨老师讲得太快，不够详细；还有的会立即去问自己的同桌或埋头查阅工具书、参考资料等。上述三种做法都是不合适的。因为，你若赌气不听了，那么本来有些能听懂的内容，也因不听而自然不懂了；你若一味抱怨老师，一是会耽误自己听课，二是老师也不可能按你个人的要求去做，毕竟还有许多其他的同学；而你若急于问别人或查资料，则既会耽误自己听课又会影响别人听讲。所以，这几种方法都是不可取的。同学们在课堂上听不懂的原因，除了老师有时确实讲得不够清楚之外，大部分还是我们自己的基础知识不够扎实。走都走不稳，跑当然就更不用说了。这就需要我们课下抓紧时间把没有学好的知识补上去，先走稳。

2.要认真做好课堂笔记

对于英语这门学科而言，记忆的东西相对多一些。而我们能在课堂上记下的东西毕竟有限，这就需要在课余时间多温习一下，才能记得牢固。不同的学生记笔记的方法不相同，如果你记的笔记很全面、很简要，你的复习也会很清楚，很有条理。你一定听说过这句格言：最淡的墨水胜过最强的记忆。实际上，许多学习方法的研究都表明：听课时经常记笔记的学生，成绩相对好得多。这是因为，记笔记不仅有助于集中注意、活跃思维，克服头脑中记忆和存储的局限性，而且能够防止遗忘、积累资料，便于今后的巩固和复习。我们记课堂笔记最常用的方法是"提纲式"笔记法，即一边听课，一边敏捷地概括和记下重点和难点。课堂笔记要尽快整理，使要点突出，这对巩固知识十分重要。笔记的充实整理包括两点：一是把课堂上漏

记或记错的内容补充上去或改正过来；二是理清纲目，突出重点、难点，用概括的语言将本节学习的内容串联起来，使记笔记成为一份经过自己提炼加工的、深化的和系统化的复习材料。那么，听课笔记怎么记？

听课笔记要讲究实用。不要一字不漏地记，应省去老师讲课中的一些不重要的信息，训练自己浓缩信息的能力。杜绝每字必记的习惯，否则，把

笔记当成听写,事无巨细,每闻必录,精力过分集中于笔记,会影响对知识的理解。

加快记录速度。在上课时,“听”与“记”往往会发生矛盾,不少同学常常顾此失彼。解决这一矛盾的一种有效方法就是加快笔记速度。可随自己之便使用任何符号或速记缩写,这样会使记录速度大大加快。

把握好做笔记的时机。人们常常说:“边听边想边记。”这句话说起来是非常容易,但是要把这三者合理的处理好和安排妥,却是很难啊。“边记”的前提就是不能影响听讲。由于每个学生的具体情况不同,做笔记的时机也不能千篇一律,必须由每个同学自己根据当时的具体情况灵活掌握。原则就是不能影响听讲。做笔记的关键是记下“必要”和“精华”。一句话就是要记重点、记难点、记疑点、记思路、记技巧。记笔记应着重记下老师讲课中的归纳与总结,以及容易混淆的概念等。比如英语当中的一般现在时与一般过去时,首先要区分它们的时态不同。还要注意课堂小结。结束语是老师对一节课所教内容的概括总结,留心它,有助于把握这堂课的整体,做到胸有全课。便于课后自己进行回忆、分析、理解和归纳。

3.充分调动记忆的积极性

在英语课堂上还应充分调动记忆的积极性。语言作为一门科学,以形象思维为主。它更多地会更注重记忆。

(1)要树立信心。

无论背记任何东西,只要充满了信心,就能增强记忆效果。因为积极的思想常能产生良好的情绪和必胜的信心,而消极的思想常会出现忧虑、自卑感和挫折感。因此背东西前一定要相信“我能记住”。

一是根据音标学单词。与汉语类似的地方就是,汉语是根据拼音识汉字,掌握了拼音才能学习汉字。而英语同样是根据音标学单词,音标掌握好了,就可以作为一种工具。记忆单词就不必那么困难。根据这个音标联想一下通常是什么字母或字母组合发这个音。利用音标来联系着记忆单词,会收到比较好的效果。

二是背诵材料中的许多精彩的句子、段落和篇章,把它们存进了记忆

仓库。当你和别人用英语交流时,或用英语写文章时,你就可以轻而易举地从你的记忆仓库中随时提取你所需要的东西。如从背熟的材料中选用适当的词语,套用合适的句型,模仿类似的篇章结构等。这样便可使你流利地用英语表达思想,轻松地用英语进行写作。

三是记忆老师所讲述的重要的语法点。如果单词和音标也可以在课外记忆的话,那么语法等知识的讲解,就必须在课内通过老师的讲解,来进行消化。一定要记住一些重要的句型结构,以便套用。比如be going句型,要知道它是在一般将来时中使用的。一些相关的时态一定要进行比较区分。比如一般过去时和过去完成时,要记住它们的构成,在什么情况下用,他们的区别在什么地方。

(2)要充分利用课堂的时间来记忆。

因为课堂上老师在讲解,我们可以通过听来增强记忆。实践证明,如果自己背诵,会非常难于记忆。

而通过听这种信息传输。记忆效果就十分明显。

许多成绩优秀的学生都反映,当堂记忆效果特别好。一是因为大部分学生每天都有6~7节课,当堂记忆能充分利用这些时间。二是因为老师刚

刚讲过，趁热打铁，能把记忆和理解有机地结合起来。三是因为当堂记忆以后，下课再及时复习，能使记忆得到重复和循环。

当堂记忆还要注意两点：

一是善抓重点。记忆的内容是老师指出的重要内容和教材里的关键性的概念，如英语的单词、语法、惯用法等。

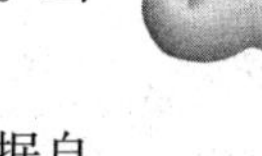

二是讲究方法。对于像英语当中容易混淆的时态可以比较着记。当堂记忆毕竟时间短，课后要注意多复习。

上述仅为学习英语的一般规律，在实际学习当中每位同学可以根据自己的实际情况，不断地探索，以求更好的学习方法，不断取得学习的进步。

四、复习应试法

复习,就是自学已经学过的知识。复习的种类很多,有课后及时复习、"天天见"复习,周复习、月复习、期中复习、阶段复习、总复习等。从广义上讲,他们都是课后复习。复习的作用切不可忽视。俗话说:"拳不离手,曲不离口。"不善于复习的同学十之有九是学不好的。复习是掌握知识、提高水平不可缺少的环节。当然,复习并不是简单地把课本或笔记再看一遍。它有一定的要求。本节重点讲课后复习的程序和方法以及应试的技巧。

培养孩子好的复习习惯

孔子说:"温故而知新。"一个善于复习的人往往能够学到其他人无法学到的知识。

王和是个奇怪的人。刚进大学的时候,同学们对他的印象并不深刻,只知道王和是一个爱玩、爱开玩笑、爱睡觉的人。

每天晚上,当其他同学都在埋头做题目、学习的时候,王和总是一个人回宿舍钻进蚊帐里睡觉。

一个学期下来,同学们发现王和每科考试成绩都名列前茅。许多同学都觉得很奇怪,为什么王和在别人学习他睡觉的情况下还能够取得好成绩呢?

其中有一个同学忍不住给《中国青年报》写了封信,希望能够听听专家的意见。《中国青年报》的主编也没办法回答这个问题,就把这封信转给了王和。

王和收到信后，对同学们说："我钻进蚊帐不是在睡觉，而是在思考，在回想当天学习过的内容。"

原来，王和有一个自觉复习的习惯。他在睡觉之前，总是要总结一下自己当天的学习情况。比如，今天听课主要讲了什么？哪些已经弄懂了，哪些还没有弄懂？没有弄懂的明天继续学习。王和把当天学过的内容进行归纳和总结，找出知识之间的联系，并用一条主线把它们联系起来，这样，他就能够在想到某一点的时候，把所有当天学习的内容全部回想起来。除此之外，他还把当天学习的内容与以前学过的知识联系起来，找出内在的联系，也串起来。这样，通过一番回想，王和把当天所学的知识基本上都消化了。

复习是学习的重要环节。复习可以使孩子学过的知识得到巩固、加深和充实，使孩子的知识更加条理化和系统化。正如孔子所说，"学而时习之"、"温故而知新"。学生在复习中达到对知识的深入理解和掌握，并提高对知识运用的技巧，进而使知识融会贯通、举一反三，系统化。这样，才能使知识真正为自己所有。

那么，怎样才能使孩子养成复习的好习惯呢？

(1)及时动手操作。

具体采取哪一种方法应该根据孩子的不同偏好进行。有些孩子偏好视觉记忆，复习的时候就以默读为主；有些孩子偏好朗读记忆，复习的时候就以大声朗读为主。

值得注意的是，不同的科目应该采用的复习方法也是不一样的，应该让孩子针对不同的学习内容采用不同的复习方法。例如对于整体性、连贯性较强的内容可以采用集中复习的方法，即把所学的内容放在一起复习，比如英语的语法、语文的语法规则等；对于内容比较分散，连贯性不强的内容可以采用分散复习的方法，比如语文的词语、英语的词汇记忆等；对于思考性较强的内容可以用习题的形式加强巩固，比如数学、物理等。

同时，要让孩子学会根据具体条件采用不同的复习方法。比如在一段较短的时间内，可以运用分散复习的方法，学习一些连贯性不强的内容；如

果时间和环境比较好，没有干扰，就可以对整体性、连贯性较强的内容进行复习。

(2)注重多感官复习。

复习是对信息的重新编码，机械的阅读、背诵往往比较乏味，容易引起孩子的心理疲劳，降低复习的效果。父母可以指导孩子运用多感官进行复习，采用看、听、记、背、说、写等多种形式复习整理知识。比如，一边看、一边读、一边用手比划等，也可以借助录音带促进学习。有些父母购买一些教育软件让孩子使用，这事实上也是一种良好的复习方法。这样不但可以促进孩子复习的效果，而且可以让孩子在复习中得到乐趣，促进孩子的学习兴趣。

(3)让孩子保持良好的状态。

良好的状态对保证孩子复习的效果有很大的作用。父母要帮助孩子消除不良的情绪，保持良好的状态进行复习。当孩子心烦意乱时，父母要让孩子进行恰当的休息和活动，做到劳逸结合，调节孩子的身心状态；当孩子遇到困难时，父母要及时鼓励孩子，帮助孩子解决困难；孩子在复习的时候，父母千万不要给孩子施加压力，以免孩子因心理压力太大而影响复习。

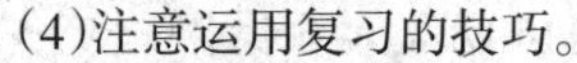
(4)注意运用复习的技巧。

良好的复习应该注重知识的条理性和系统性。父母可以教给孩子一些复习的技巧，在复习的时候首先要加强前后知识的联系，应该把每天所学的知识纳入到已经学过的知识体系中。

其次是运用一些形象的提纲和图表来促进复习的条理化和系统化。比如，让孩子把数学公式整理出来，看看其中有什么联系，这样有助于孩子全面把握公式，

灵活运用公式来解题。

再次是让孩子学会把回忆与复习相结合。即让孩子先尽量回忆已学内容,回忆出来的表明还能记住,记不住的,就去翻书复习。例如让孩子背一篇课文,孩子读几遍之后,就让他合上书,从第一句开始让他尽量回忆,实在回忆不出时再翻书看。

值得注意的是,这种方法对于总结性的复习特别有效。比如在期末考试前,让孩子手捧教科书,先把一个学期或一个单元学习内容的大标题回忆出来,实在回忆不出来时再看书,然后,看着书的目录回忆每个标题后的主要内容等。这种边回忆边复习的方法不仅可以提高复习的效果,而且可以让孩子明确知道哪些内容是自己已经掌握的,哪些内容还需要加强复习。

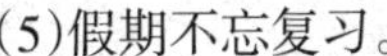

(5)假期不忘复习。

假期是孩子闲暇时间较多的时期,父母可以要求孩子在完成作业外,适当复习以防止知识遗忘。当然,孩子在假期还可以适当阅读课外书,加深和拓宽对知识的理解、巩固和运用。千万不要在假期放纵孩子,这样不但浪费了时间,而且容易让孩子在开学的时候无法收心。

防止孩子复习时走神的好方法

防止孩子复习时走神,就是怎样在复习时集中孩子的注意力。可以从两方面解决:一方面是使用某种方法集中注意力;一方面是用适合自己的复习方法。

(1)为孩子制定学习目标。孩子复习要有明确的目标,这不是指某种远大的理想,也不是指家长的某种希望。他不是遥不可及的,而是摆在孩子面前具体的、明确的,经过一番努力马上就能实现的。

(2)座右铭效果。家长的话是名言警句所不能比拟的。比如在孩子情绪不好时,看看自己曾经得过的奖状,马上信心就会回来;当孩子不想继续努力时,只要看一眼贴在墙上的成绩单,精神马上就会振作起来,全力以赴继续努力。

(3)扬长避短。事实上,孩子对于许多复习内容都不愿接受,特别是那些枯燥的背诵。但总有孩子感兴趣的东西,比如孩子喜欢某学科,这时家长要将这些学科当做集中注意力的对象。当孩子走神或疲劳时,暂时放弃正在复习的内容,看看自己比较感兴趣的东西,就能使复习变得注意力集中了。

(4)培养兴趣。孩子有了浓厚的学习兴趣,就能注意力集中。注意力是心理现象,是人的大脑皮层活动形成的。人在遇到刺激时,就会在大脑皮层发生兴奋,并且抑制其附近大脑部位的活动。越感兴趣的事情,人被刺激得越兴奋,注意力越集中。家长要培养孩子的学习兴趣就要激发孩子的成功动机。孩子越希望成功,复习的愿望越强,情绪越平稳,越集中注意力学习。孩子有了学习的动力,就有兴趣复习。注意力越集中,学习成绩也容易提高。

(5)让孩子控制自己。有些孩子也想好好复习,但是自控能力差,轻易就能被旁边事物干扰。例如听到电视声,或者外面的喧哗声,他马上就控制不住自己了,注意力不能集中了。

要提高自我控制能力,首先,要让孩子有复习的责任感,克服那些好逸恶劳的习惯。不断地反问自己上学是为了什么,当孩子有了人生目标以后,就明白了目标的实现与学习之间的关系。其次,要让孩子有紧迫感。紧迫感可以造成紧张和兴奋,可以提高孩子的注意力。让孩子采取倒计时的方法,在一张纸上写上“离考试还有多少天”,不断地提醒自己。第三,养成好的学习习惯,用自己的意志克服走神。

(6)愉快的心情。孩子要集中注意力,就要心情平静。在考试复习阶段,最好不要想那些不高兴的事情,让孩子有个愉快的心情。如果孩子心情不好,家长应该帮助其尽快调整过来。

(7)劳逸结合。有些家长认为疲劳战术是对的,认为学习时间越长越好。其实,这是不对的。大量研究证明,当人没有目的地注意单调的刺激时,其注意力只能保持大概几十秒钟左右;但是注意有意义的刺激时,注意力能保持半个小时左右。如果让孩子在学习之间有短暂的休息,那么孩子

的注意力能维持好几个小时。因此，孩子复习时，家长必须让孩子劳逸结合。

相互复习法

在学校与在家里的学习相比，一大优势就是有小伙伴、有朋友。聪明的孩子应该会利用这一优势。上海市竹园中学初三年级的吴海雯同学，便是这样聪明的孩子。她创立了“相互复习法”，在读预备班时，语文老师曾对出语文练习题有过这样一番革新：每讲完一篇课文，便组织几位同学，根据课文笔记和有关资料，每人出一张练习卷，在此基础上由老师集中大家的智慧，筛选综合成一份更完善的卷子，供全班同学练习。以后，吴海雯和几位同学就根据这种方法创造出一种较好的学习方法——相互复习法。具体步骤如下：

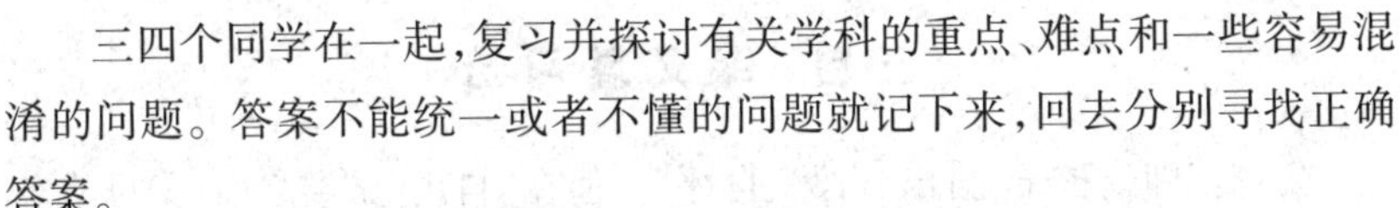

三四个同学在一起，复习并探讨有关学科的重点、难点和一些容易混淆的问题。答案不能统一或者不懂的问题就记下来，回去分别寻找正确答案。

经过一段时间的复习，模拟老师出的卷子，每人在理解的基础上出一张卷子。同时将做好的答案写在另一张纸上，标好每一道题的分数，以便批改时计分。

相互交换出好的试卷，然后答题。做题目的同学要认真对待，不要看书也不要问别人，要在规定时间内完成。

把做完的题目交给出题的同学，进行批改计分。然后大家一起针对错题进行研究分析，找出原因，因为通常做错的题目一般都是没有掌握的知识点。如果对有些题目大家说法不一，那么第二天可以去问老师。

这就是吴海雯平时和同学一起复习的方法，这种方法既有针对性，又可以让每个

孩子都得到全面的提高，在运用这一学习方法时，要注意以下几点：

(1)相互复习前，每个同学都应认真做好准备，不打无准备之仗。复习时应积极发言，畅谈自己的想法，不能只当“旁听生”。

(2)复习时注意力要集中，要认真听别人发言，不能嬉闹、不能闲聊，以免浪费时间，一无所获。

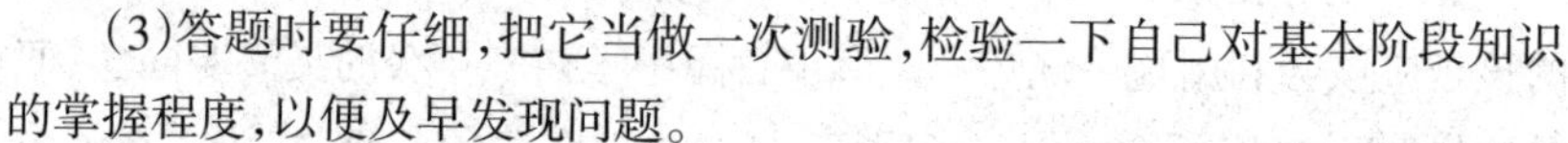

(3)答题时要仔细，把它当做一次测验，检验一下自己对基本阶段知识的掌握程度，以便及早发现问题。

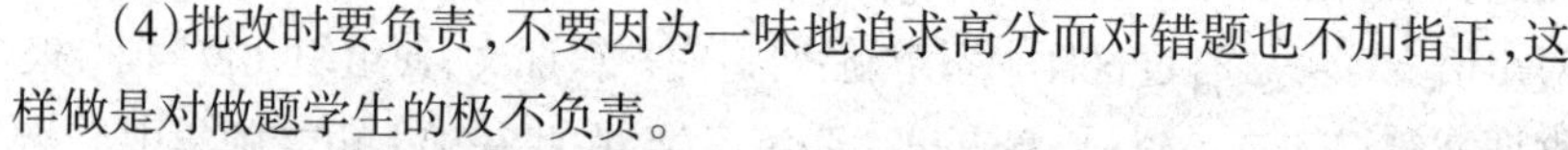

(4)批改时要负责，不要因为一味地追求高分而对错题也不加指正，这样做是对做题学生的极不负责。

这种方法适用于各种学科，特别是在数学方面十分有效，通过运用这种方法，吴海雯同学的数学成绩由原来的85分左右提高到95分左右，和她一起复习的同学也不同程度的有所提高。

“三自”课文复习法

“三自”即指孩子“自出、自测、自评”。但在“自出”试卷之前，父母或老师最好先确定出题范围，一般以单元为宜，题型的要求以及分值标准等，先找一个框架试卷的样式。“框架”上按题型分有选择题、是非题、填充题、阅读理解题和习作改错题等；按知识点分有：语音、字、词、句、段、篇、文学常识和标点符号等。

“自出”就是孩子以单元，按“框架”在课文中或者练习册上找题目，找知识点；同时准备“自出”试卷的答案，这为后面的自评做好准备。“自出”的过程是“逼”着学生系统复习某一单元、某篇文章的知识、寻求科学答案的过程。一般安排四至六天的时间。

学生出好试卷后，只注上自己的学号，教师将其全部收回，抽签，但要保证不抽“自出”的试卷，抽签后学生就开始“自测”。

“自测”就是检测自己的复习情况。这个检测的过程就是巩固知识的过程，同时也是弥补不足的过程。“自测”结束后，也要求学生只在试卷上标注上自己的学号，便于后面的“自评”。

“自评”是指孩子们评改“自出”的试卷。首先要评出分数,然后按试卷上的学号开始给答题的同学“评讲”。评的过程是相互的,可以发现他人的不足,也可以发现自己存在的问题。这个过程是发现问题的过程,是双向补差的过程。

“三自”结束后,紧接着的是“一结”,即教师小结。小结包括三方面:一是统计成绩正式公布;二是评选优秀试卷,凡是字迹工整布局好、准确无误的试卷皆可以评为优秀试卷;三是将优秀试卷张贴出来,或编辑成册,对出卷人进行表扬,以资鼓励。

“三自一结”是一个整体的过程,可以集中进行,也可以分散进行。可以在平时做,也可以在大考之前做。“三自一结”学法的长处有两个方面:

一方面是能较好地发挥学生的主观能动性。自出试卷、评讲试卷都能测出学生的知识水平,因此,即使是基础差的同学也能认真、细心地复习,努力出好试卷。所以“三自一结”法能调动学生复习的积极性和主动性,一改过去教师全心全意牵着学生走、学生盲从被动的局面。

另一方面是能提高复习的效率。“自出”的过程是学生系统复习的过程,因为他要力争出质量比较高的试卷,同时准备一份试卷答案。而“自测”正是通过练习来检测自己复习的情况,这是一次很好的补差过程。因此,每个学生对每一单元几乎要进行几次复习巩固,这样学生复习得主动,掌握得牢固,记忆得深刻,从而达到提高语文复习效率的目的。

搞好数学复习

数学复习的内容可分为基础知识和基础解题技能两部分。在复习中,要注意基本概念、基本公式、基本定律和法则的辨析比较和灵活运用,做到理解、综合、创新。

所谓“理解”,就是力求对中学所学的数学基础知识和基本概念从局部到整体,从微观到宏观,从具体到抽象等多角度、多层次、全方位地融会贯通,有意识地培养自己的分析理解能力、综合概括能力和抽象思维能力。对于定义、定理、公式的复习,应做到:弄清来龙去脉,沟通相互关系,掌握

推证过程，注意表达形式，归纳记忆方法，明确主要用途。

所谓“综合”，是指将不同学科、不同单元、不同年级、不同时间所学的数学知识进行去伪存真、去粗存精、由表及里、由浅入深的提炼加工，建立知识之间的纵横联系，使知识系统化、条理化、网络化，便于记忆，便于储存，便于提取和应用。例如，复习角的概念，可作如下归纳：

(1)由共面直线所成的角——异面直线所成的角——直线和平面所成的角——平面与平面所成的角，从而弄清这一要领的形成和发展，前者如何扩充为后者，后者如何转化为前者来解决。

(2)对倾斜角、辅角、极角，这些易混淆概念类比区别，从而使角的概念更清晰和准确。

(3)三角中：终边相同的角、水平角、垂直角、象限角、区间角、方位角等表达形式和特性，梳理应用规律和方法。

所谓“创新”，是指在融会贯通基础知识后，在解题过程中所表现出来的灵活性、独创性、简捷性、批判性和深刻性。创新能力不仅表现在综合运用所学过的知识去分析问题、解决问题，更重要的是发现新问题，拓宽和深化所学的知识领域，不断增强自己的应变能力。为此，每个同学应注意根据学过的知识去发现和挖掘书本上没有的和老师没有讲到的问题。如理解一个概念的多种内涵，对一个问题从不同的角度去思考(即一题多解)，对具有共性的问题总结解题规律(即多题一解)，发现解决问题的思想方法等。

数学复习的一般方法：

(1)课前预习。复习课的容量大、内容多、时间紧。要提高复习效率，必须使自己的思维与老师的思维同步。而预习则是达到这一目的之重要途径。没有预习，听老师讲课，会感到老师讲的都重要，抓不住老师讲的重点；而预习了以后，再听老师讲课，就会在记忆上对老师讲的内容有所取舍，把重点放在自己还未掌握的内容上，从而提高复习效率。

(2)课后复习。著名数学家华罗庚先生认为，学习数学有两个过程，一个是书由薄到厚的过程，这个过程就是由不知到多知，由知之不多到知之

较多,知识逐渐积累,认识逐步深化的过程。仅有这个过程是不够的,还必须有第二个过程,就是书由厚到薄的过程。所谓书由厚到薄,就是建立知识之间的纵横联系,使知识系统化、条理化、网络化,便于储存、便于记忆、便于提取、便于应用,而课后复习就是书由厚到薄的重要途径。

(3)切磋琢磨。耗散结构理论认为,一个远离平衡态的耗散结构,要从低级状态进入高级状态,要从无序走向有序,必须对外开放,必须频繁地与环境进行物质、能量和住处的交流。任何社会组织,任何个人都是远离平衡态的耗散结构因为社会组织的进化、人类的进化还远没有完成。学生更是远离平衡态的耗散结构,因为他们是正在成长中的人。因此,作为一个高中生,要想取得好的学习成绩,必须经常保持和老师、同学的交流,特别是在复习阶段。因为这个阶段的问题积累下来,将直接影响考试成绩。

(4)多做练习。数学学习的目的之一就是形成一定的技能,如思维的技能、解题的技能、运算的技能等。技能是运用已有的知识和反复练习的基础上形成的自动化活动方式。技能的这一定义中有三个要点:即掌握知识是形成技能的前提,反复练习是形成技能的基础,活动自动化是形成技能的标志。因此,练习在技能的形成过程起着十分重要的作用。在复习阶段,做一些练习是十分必要的。在练习时要注意控制难题,把练习的重点放在重要和关键的知识点上。

英语复习的"三段六法"

中考、高考前的总复习无疑是相当关键的。复习得法,成绩会提高一大块;复习无法,成绩不仅不会提高反而可能会下降。上海金山中学朱引观先生在实践中总结出了英语复习"三段六法",颇见成效。

所谓"三段",是指分三个阶段进行总复习。

第一阶段,用两个月时间复习语法。语法知识都是插在课文中的,比较分散,有必要加以整理,以便使知识系统化、条理化、科学化。同时要做大量的配套练习,以达到巩固复习知识的目的。

第二阶段,用三个月时间复习教科书。复习课文很重要,因为课文集

语音、词汇、语法为一体。所以,一定要重视教材,熟悉课文内容,牢记课文中出现的语言点。

第三阶段,用一个多月时间综合练习,包括写作指导,边讲边练,不断地补缺补漏。

所谓“六法”,是指在复习时应采用的六种方法。

(一)实践

在一定意义上讲,能否实践是检查复习效果好坏的标志。因此在复习过程中,一定要想方设法多多实践。比如复习初中第三册、第四册时,要求掌握“在图书馆里”、“打电话”、“上街买东西”、“问路”、“看病”等对话。可与同学扮演各种角色,通过生动的对话,记牢这些日常生活中的习惯用语。

(二)启发

启发的实质在于调动学习积极性。例如复习到高中第三册第六课句型“No matter what happens”时,汉语译成“不论发生什么事”,可启发自身主观能动性,套句型造句:翻译“不论党需要我们去哪里……”,“No matter where the Party wants us go……”。

(三)比较

比较就是弄清矛盾各自的特殊性。例如汉语“建造”,英文有“build, set up, put up,”是否随便可换用呢?不行的。如果用于“建设房屋”,这三个词可以通用;如果“建造水电站”,要用“set up”,不宜用“put up”;如果“建造公路”,只能用“build”。又如动词非谓语形式中动名词和现在分词都是动词+ing,都可放在in动词之后。复习时用典型例句进行分析、比较。例如:He is teaching English,这里的teaching是现在分词,构成进行时态;His job is teaching English.此句中teaching是动名词,构成系表结构。又如,现在分词和过去分词都可做表语,但有区别。人作主语时,用过去分词作表语;物作主语时,用现在分词作表语。例如:I am interested in English.The story is very interesting.等等。

(四)综合

通过综合，把前后知识连贯起来，起到“串线”作用。例如有些动词规定后面跟不带“to”的不定式作宾补，把这些动词整理出来，编成顺口溜，即“五看、二听、一感觉、三使役、半帮助”：

五看：look at，see，watch，notice，observe

二听：hear，listen to

一感觉：feel

三使役：let，have，make

半(个)帮助：help(后面也跟to，也叫小跟，这样孩子记忆就比较深刻。)

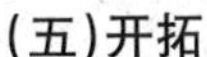

(五)开拓

这主要表现在一题多译上。比如“这个礼堂是我们教室的五倍大”一句有以下四种表达：

(1)This hall is fivetimes the size of our classroom.

(2)The size of this hall is fivetimes that of our classroom.

(3)This hall is fivetimes as big as our classroom.

(4)This hall is fourtimes bigger than our classroom.

(六)兴趣

如复习动物类单词时，可以找出自己搜集的动物邮票、图片，每一动物讲一段话。

用此法复习，效果良好。不少同学考上了高校英语专业，不少同学的成绩较复习前有较大提高。

让孩子改变害怕考试的心态

一般来说，考试是衡量一个学生成绩的尺度。不会考试的孩子，不管你潜藏着多大的本事，都无法得到承认(特别是在升学选拔考试中)。

考试有不同的类型。既有日常测试，又有目标参考测验。日常测验主要目的在于鉴别学生与学生之间的成绩差异；而目标参考测验则是要检查学生的学习与教学目标之间的差异。也就是人们常说的两种测验(选拔性

测验和合格性测验)。

由于选拔性测验的目的主要在于甄别学生的等级,将学生分为上、中、下三等,从中选拔或淘汰一些人。因而,它的试题总要有一部分内容是超出大多数人的水平和能力的,具有较高的难度和区分度。在目前的各级各类升学考试中,大多都有一些"附加题",这类题目的目的就在于区分学生之间的能力和等级。

无论选拔性考试还是合格性考试,孩子的应试能力都不是一种侥幸的、碰运气的能力,而是有规律可循的,即是平时学习能力的集中体现,又是各种能力的综合及学生良好的心理素质的体现。

对于孩子的考试,父母都非常重视。

吴刚是六年级的学生,马上就要进行毕业会考了。爸爸妈妈近来全心全意地为吴刚会考做准备。也做了很大的"牺牲"。

为了让孩子集中精力做考试前的复习准备,他们晚上连电视都不看了。《新闻联播》一结束,就将电视关掉。家里静悄悄的,只有吴刚一个人发出一些动静。

每晚10点,妈妈准时为吴刚做好夜宵。语重心长地对吴刚说:"多吃点营养的东西,对大脑有好处。争取考试能考好啊。"

"爸爸妈妈吃苦受累不算什么,只要你自已能够体会这一番苦心,好好学习,争取考入重点初中,我们也就心安了。"

吴刚的爸爸妈妈在吴刚考前所做的准备对不对呢?

当然有对的地方,比如:为吴刚创造了良好的学习环境,提供了良好的物质准备等等,这都有利于吴刚的复习。

但是,父母的有些做法是值得推敲的。首先,一反常态的家庭学习环境可能会使孩子感到不习惯。一是打破他已有的思维环境;二是增加了他的心理负担。此外,家长在考前才有如此的改变,也未免有点晚了。其次,父母将全部希望都寄托在孩子的考试上面,无疑会增加孩子对考试的焦虑。这样,既影响他在复习期的学习,又会影响他在考场上的正常发挥。再次,父母的这种方式并没有给孩子以有效的帮助。也就是说,父母不了

解孩子在这时候最需要的帮助的是什么。

在考试之前,孩子是怎么想的呢?他希望家长对他的考试抱有什么样的态度?他自己对考试又有什么想法呢?

一般说来,到了考试前的最后冲刺阶段,平时学习成绩较好的或中等以上的学生都会努力一拼,或保持自己平时的成绩,实现自己的既定目标,或凭着考前的"磨刀"功夫,也许会有意外的收获。在这两种情况下,家长只需和孩子密切配合,不去干扰他的正常学习就足矣。

孩子希望家长能够提供较好的学习环境和条件,但不希望家长刻意这么做,更不希望家长以此来对他抱有格外的期望。

孩子希望父母以"平常心"来对待他的考试。

孩子希望家长能放松他们紧张的心理。

面临重大的考试,任何关注自己学业前途的孩子都会有程度不同的焦虑和紧张。这时,如果家长说:"你得好好考,考不上多丢人哪。"或者"考不上的话,这些年你不就白学了吗?"这些言语,除了增加孩子的紧张之外,没有别的好作用。

学习是孩子独立自主的活动。一般而言,家长无法帮助孩子学习。但是,如果在孩子的复习阶段,家长能够有意识地在学习上给孩子提供某些一般性的建议,则是极为有效地增强孩子自信的重要措施,从中,孩子也能体会到家长对自己的真正关心。

家长过分地在物质上给予照顾,在心理上加以重压,还可能造成孩子的逆反心理。个别孩子还可能发生所谓的"晕考"事件。

常有这种情况,学习平时成绩不错,但一到考场上就晕(所谓的"晕场"现象)。平时背得滚瓜烂熟的知识,在考场上怎么也想不起来;平时能够解决的问题,在考场上也不知从何下手了,待下考场之后,稍事休息,稳定一下情绪之后,就又都想起来了,什么都会做了,结果,后悔不迭。这种现象,心理学上叫做"暂时性遗忘"。

暂时性遗忘产生的主要原因是由于情绪紧张,或神经过分疲劳,或回忆的条件还不具备所致。有的考生在考场上产生暂时性遗忘大多是由于

思想作怪。如,看到考题容易,想入非非(想到:这下可以考得好了,可以向父母有个交代了……)忘乎所以,反易为难;还有的学生一看到难题,就精神恍惚,丧失理智,产生种种联想,如考不上重点学校,教师看不起、家长骂没出息等等。在这种情况下,本来清醒的头脑也会变得模糊,产生暂时性遗忘,形成恶性循环。

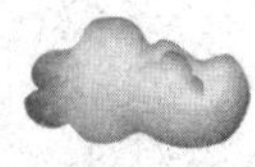

在考场上不能专注考题,总是想考后结果的考生,最容易产生暂时性遗忘,不能发挥自己正常的水平。

要纠正孩子害怕考试的缺点,家长要帮助孩子放松焦虑的心情,保证孩子轻松上考场。具体做法可采取:

为孩子提供有利的学习环境和条件,但不要刻意如此。

了解孩子的实际水平,不抱不切实际的期望。

与孩子一同复习。提供某些有价值的复习方法。比如,以一条主线将各阶段的内容串在一起,增强孩子的记忆。充当听众,让孩子向自己讲述他复习过的内容。在孩子讲述的过程中,注意发现他的不足之处,并一起研究,提高理解水平。

让孩子明白:考试只是平时学习的一个总体反映。只要努力了就会考出水平。无论会有怎样的结果都应勇敢地面对。

高考前夕孩子最不希望听到的十句话

临考前,作为考生家长,您知道考生最不希望听到家长说什么话吗?我们不妨来听听部分考生的心声。

忌语一:“加油!爸爸妈妈等你成功归来。”

家里有个孩子考试,全家出动是很常见的事情了。很多考生家长一直把孩子送到考场外,还要不停地嘱咐。其实,孩子都想考出好成绩,可高考是一种能力考试,如果家长不切实际地乱嘱咐,反倒让孩子心里更没有底气。

忌语二:“祝你成功!”

尤其是对那些不要家长送的考生，家长不知道如何表达自己对孩子的关心，喜欢叮咛这样一句，其实没有必要。与其祝愿成功还不如换成“注意安全”、“一路小心”等关心考生安全的话语，因为这样一句话传达的信息是“爸爸妈妈关心我，而不只关心我的成绩”。

忌语三：“记住你的目标，成败在此一举!”

有些家长喜欢给孩子定目标。而且往往把高考看得过于重要，过分强调高考在人生中的作用，认为孩子如果考不上，或者考不到一个好的高校，会直接影响到今后的前途。

忌语四：“我们家孩子模考成绩回回棒，老师都说这成绩考清华北大没有问题!”

高考是能力考试，模考成绩好可以从一个侧面反映孩子的确学得不错，但模考毕竟不是真枪实弹的考场，模考成绩好，但由于适应不了真实高考考场的氛围，影响考试发挥的考生不在少数。提醒家长，千万不要给孩子不切实际的高期望值，这样无形中给孩子增加了压力，到时候很有可能直接影响到孩子的正常发挥。

忌语五：“把题看仔细，认真答题，千万不要有任何大的疏漏，争取多拿分。”

高考前老师已经反复叮咛了，希望考生掌握一些考试技巧，能多拿一分就多拿一分，这时家长就不要再多说什么了。因为，任何一个考生都不愿意在自己已经掌握了的知识点上丢分。

忌语六：“现在检验你复习好坏的时刻来了，你要好好把握。”

如今的孩子都知道高考的重要性，大部分考生都能认真复习、备考，他们也希望通过自己的努力，能把握住机会，开始人生的下一个旅程。家长说这样的话，多半会让孩子那本来就容易波动的情绪更加难以平静。

忌语七：再坚持一下，好好把试考完，你和爸妈就都解放了。

孩子听到这话，就会感觉到自己是家长的负担，好像爸爸妈妈这么辛苦都是自己造成的，如果碰到那些倔强、任性的孩子，可能会顶撞，以至于伤害双方感情，直接影响到孩子考试情绪的稳定。严重的，甚至可能会导

致孩子憎恨考试。

忌语八:“同样是人,我就不相信我家孩子比人家的差。”

现实生活中,往往有一些家长喜欢拿孩子来相互攀比,一个正确的心态是,不管人家的孩子如何,只要自己的孩子身心健康,懂得做人的基本道理,父母就应该有所满足。

忌语九:“爸爸妈妈这么辛苦都是为了你,你一定要争气,要有出息。”

现在的家长为孩子付出很多,他们也希望能得到孩子的回报。很多家长都认为,在孩子没有成人之前,孩子学习优秀、自觉、求上进就是对父母悉心栽培最好的回报。而很多家长也一厢情愿地把孩子能否考上大学、能否考上好大学与孩子未来的命运挂钩。

忌语十:“考不上爸爸妈妈也不会怪你,明年我们再重新复习。”

很多家长希望用这样的话来给孩子减压,帮他们宽心。其实,大部分考生对这句话非常反感,他们觉得还没有高考就说这话,就是家长对他们能力的一种否定。

冲刺阶段中考学生应该怎样复习英语

考试前进入最后冲刺阶段,多数考生总感到时间不够用,还有好多的知识点没有掌握好,越接近中考心情越是焦虑。那么,在这最后冲刺阶段考生该怎样复习英语呢?

(1)合理安排复习时间。应考阶段高强度,长时间,超负荷的学习使考生疲惫不堪。有的考生仍坚持疲劳战,晚上熬夜到很晚才入睡,结果第二天总是感到疲倦,学习效果事倍功半。在冲刺阶段,考生应保证每天8小时的睡眠,时间,中午再午睡半小时,这样才能保证第二天的精力充沛。考生应在每天早上听一套15~20分钟的听力练习,再读15分钟左右的短文,一定要读出声以增强语感。课上只要认真听讲,只要严格按老师要求的来做,课下就不必再把过多的时间用在做题上。

(2)及时查漏补缺。自第一轮复习以来,同学们已做了大量的练习。考生们可把复习阶段以来的所有练习都整理好,再认真看一遍。在浏览过

程中，把重点放在以前出错的题目上。这样把以前没有掌握好的知识点及时查漏、补缺，决不漏过一个知识点。如有位考生在自己的两套题中发现各有两道题都属于被动语态方面的错误，那么他就选择一些被动语态方面的练习对这一语法知识进一步巩固和落实。在最后的冲刺阶段，要特别关注以下几个历届各地中考中出现率较高的语法项目：动词的时态和语态，名词的数和格，冠词、形容词、副词、情态动词的用法，倒装语序和主谓一致关系及一些常用短语等知识点也需要进一步查漏补缺，融会贯通。

(3)了解最新考前信息。考生可从网络上、报纸上了解当地的《考试大纲》，并认真领会学习。比如，近几年中考英语试题的难中易程度比例为1:3:6，语音题型较之往年稍有变化，时态和语态应掌握其中的几种即可等等，考生都应非常了解，在复习中可有选择地做一些题目。

(4)善于总结模拟考试。

考试前期各校都要组织几次模拟考试，考生一定要重视这几次模拟考试，每一次都要当做练兵的机会。一般来说，模拟考试的试题难易程度和试题类型都与考试题相吻合。通过模拟考试，掌握考试的规律和特点，熟悉考试题型。在模拟考试中，有意识地把自己所掌握的应试方法和技巧进行适当地应用，科学合理地分配每个题型所用的时间，并形成严格的限时作题的习惯。如"阅读理解"题耗时太多则影响卷子的做题质量，但用时太少又读不透，造成不必要的丢分，所以考英语时四篇"阅读理解"时间控制在30~40分钟之间即可。像这样每次模拟考试后都要进行认真全面地总结，不断改善和提高，在考前可形成一套自己的科学独特的应试技巧。

随着考试的一天天临近，考生应该调整好自己的心理状态，家长对孩子在饮食，生活起居方面给予充分照顾，不能给考生施加压力，使他们充满信心、保持乐观的心态来面对考试，就会在考场上发挥出自己的最好水平。

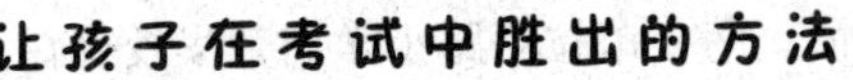

让孩子在考试中胜出的方法

要充分发挥考试促进孩子发展的功能，关键在于帮助孩子在考试中胜出，获取成功的考试体验。只有考试成功了，孩子的自信心才能树立，经常

性的考试失败会挫伤孩子们的学习积极性。那么,怎样才能帮助孩子在考试中胜出呢?

(一)考前准备好

调节身心。在一些比较重要的考试之前,要调节好孩子的身体和心理状态,使之有一个良好的身心状态投入考试。在身体方面,要避免疾病、意外损伤等问题出现,要注意饮食和休息,不要过度复习,以免造成劳累。在心理上,要防止考试焦虑症的发生。有些孩子在重要考试前出现吃不好饭、睡不好觉的现象,一进考场就头晕、心慌,甚至呼吸紧张。这就是考试焦虑症,它会影响孩子考试水平的正常发挥。一旦出现这一症状,要及时和孩子进行交流,进行有效的心理疏导。通过暗示等方式,强调孩子的学习能力是不错的,使他树立信心。还可以向他讲道理,使之明白一次考试的成绩并不能决定什么的道理。

研究考试特点。家长在一些重要的考试前可以和孩子一起研究考试的一些特点,根据孩子平时学习的情况和考试中出现的问题,制定出相应的对策。比如参加有答题卡的考试,对于一些粗心的孩子就应要求他最好做一题涂一次卡,不要先写在纸上然后集中涂卡,因为集中涂卡可能出现“涂错”现象。

准备考试用品。考试前家长要根据考试的要求帮助孩子准备好各种考试用品。如:各种文具、各种参考证件等。家长一定要在出发前亲自核对一下,确保没有遗漏,没有故障。事实上,每年的高考、中考等重要考试都会出现忘带文具和证件,以及文具不好使用的现象。

(二)考中发挥好

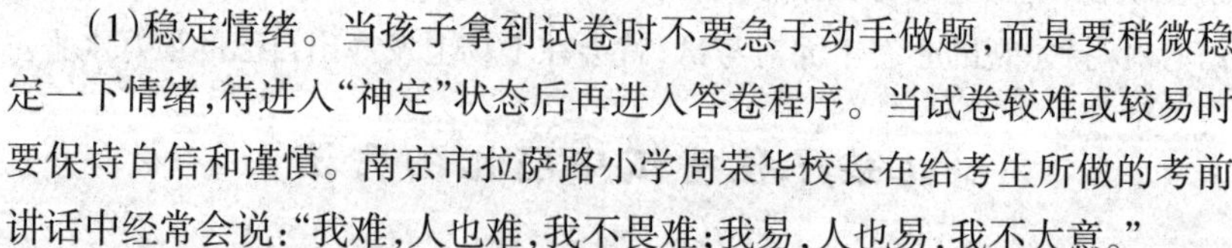

(1)稳定情绪。当孩子拿到试卷时不要急于动手做题,而是要稍微稳定一下情绪,待进入“神定”状态后再进入答卷程序。当试卷较难或较易时要保持自信和谨慎。南京市拉萨路小学周荣华校长在给考生所做的考前讲话中经常会说:“我难,人也难,我不畏难;我易,人也易,我不大意。”

(2)浏览试卷。做题前要浏览一下整个试卷:一看页码是否全,是否正

反面都有;二看试卷题量大小,统筹安排时间;三看试卷难度情况,选择做题策略;四看试题分值大小,明确答题顺序。另外还要注意监考老师的讲话,看看是否有勘误和其他说明。

(3)跳过难题。解题时如遇到特别难的题目时,要告诉孩子不能"恋战"。对于三四分钟内没有找到解题思路的题目,可以暂时放到一边,待做完其他题目后再来重点"啃",此时由于做好了大多数题目,心里比较踏实,往往容易找到解题办法。

(4)拓展思路。在完成好一般题目的基础上还要努力解决难题,不能找到解题办法的原因往往是由于没有拓展开思路造成的。在考场上拓展思路的办法有以下几种:首先是发散思维,可以逆向思考、联想、类比等。例如作文,如果题目是《我和老师》,可以联想我和妈妈进行构思,待思路打开后再回到"我和老师"上来。其次是转化。可以化大为小,将大问题分解为小问题逐一解决;还可以化无形为可视,例如在数学考试中,有些问题的数量关系比较复杂,难以理清,我们可用画线段图、示意图等方法,将数量关系"画"出来。

(5)善于检查。考试中的检查环节非常重要,有效的检查可以帮助我们避免许多错误。检查的方法很多,主要原则是:分值大的优先查;疑惑之处重点查;时间宽裕的依次查。

(三)考后处理好

要充分利用考试后的心理特点促进孩子学习。考试后大多数孩子都有强烈的想知道答案和成绩的心理,我们可以利用这种心理引导孩子通过查阅书本、相互交流和请教老师等方式,去主动地进行学习活动,从而巩固和深化已掌握的内容,弄懂未知问题。

考试后要学会反思考试得失。考试的发展性功能在很大程度上是通过考试后的反思实现的。

反思主要在以下三个方面:第一是反思考试的方法和技巧。对因自己的应考方法和策略不当而造成失分行为进行分析,从中吸取教训,防止今后发生类似的错误;第二反思自己学习上存在的问题。考试是一种非常有

效的检查学习成效的手段，它可以让我们发现孩子学习中需要改进的地方；第三反思考试中出现的问题与孩子平时学习态度、习惯之间的关系。考试中出现的问题，大多数是平时学习中存在的问题在考场上的表现，即使是一些看似偶然的失误其实也有其必然的原因，深入研究会使孩子的学习更富有针对性和成效性。

在连续考试中，要控制前面考试对后面考试产生负面影响。就一般方法而论，就是“考了算了”，不议论具体失分情况，因为无论前一场考试考好还是考坏都已无法挽回，不如将精力投放在下一场考试。当孩子觉得前一场考得好时，要提醒他不要过于放松或产生自以为是心理，要继续保持谨慎的心理。当孩子觉得前一场考得不好时，最重要的是不要让孩子产生泄气、失望心理。

五、提问法

对于中学生来说,强调学归生疑,就是要求他们在学习时善于提出疑问。光学习不思考,不对所学提出疑问,就不可能学懂学透,就得不到真矣。因此,每学习一门知识,在全面理解了原意的同时,还要教育孩子思考这种知识产生的理论和实践依据是什么?准确性怎么样?现在应用状况如何?在经过如此多方面的推敲后,孩子就会加深对所学知识的理解和巩固。

只有敢问、善问才能搞好学习

知识从"问"中来,智慧在"问"中生。敢问、善问不仅是一个孩子学习的品德,更是一个孩子具有创新素质的客观体现。

先讲一个例子:新学期开始,教数学的王老师决定在班级进行开放式的教学实验,让同学们都参与到课堂中来。因此,老师的课常常是让同学们自己提问,然后再找出解决问题的方法。王老师的这种教学方法受到了大多数同学的欢迎,他们上课提问都非常积极。可王老师发现,从第一节课起,小丽就没有提过一个问题,原来小丽的成绩可以呀,难道她现在的成绩退步了吗?如果上课不积极参与,照这样下去,她会跟不上同学们的。王老师决定找小丽谈一谈。

小丽的这种情况许多孩子也经常遇到。可能有的家长认为只要学习就行了,会不会提问没有什么关系。其实,这种观点的错误的,学问,学问,要学也要问。很多东西问了才能长进,有的问题自己苦思冥想不得其解,可有时经别人轻轻地一点拨往往就豁然开朗了。因此,要培养孩子善于提

问的好习惯。那么,为什么有的孩子不善于提问呢?

我们的学校以往传统的教学方法是老师讲,学生听、记,课堂上对孩子们主动参与教学的要求不高,这种教学方法实际上对孩子们的发展是不利的,孩子们养成了不爱动脑筋的习惯,只要死记硬背,依葫芦画瓢就行了。目前,我国教育界已经认识到了这一点,正在进行教育改革,王老师的实验就是很好的尝试。孩子们从提出问题到解决问题的过程,充分调动了他们的积极性,能使其更好地掌握知识,开动脑筋。有的孩子不善于提问是因为学习没有什么系统性,没有打好基础,跟不上班级教学的进度。他们可能什么都不懂,不知从何问起,理不出头绪,想提问,又不知道问什么;还有孩子是因为不求甚解,不爱动脑筋,心想这些问题反正别的同学都会问到,只要注意听就行了,懒得提问;还有的同学因为胆小,不敢在同学们面前表达自己的思想,生怕自己提出的问题被老师和同学们笑话,怕别人都懂就自己不明白,让别人觉得自己很笨;还有极少部分孩子讨厌学习、热情不高、劲头不足,上课如坐针毡,巴不得早点下课,根本没有考虑所提的问题。

作为老师或家长,首先要做的是帮助孩子认识到自己不爱提问的原因,有的放矢,对症下药。对不敢问、懒得问的孩子,父母应给他们讲清楚善于提问对学习的好处,可以给孩子买一些名人传记,孩子会从这些书中发现,大凡学术上有成就的人都是在“问”上做文章来的。如居里夫人、华罗庚、达尔文等。让孩子从思想上真正认识到只有敢问、善问,才能搞好学习,才能做成学问的道理。对于那些因为没打好基础,不会提问的孩子,家长可以帮助和鼓励他们从补习功课开始,学好基础知识,跟上班级教学的进度,鼓励孩子像班级善于提问的同学学习,解除思想顾虑,克服虚荣心,耐心地告诉孩子不会提问没有什么可笑,每个人提问都是因为自己不懂才问,对于学知识的人来说学习本身是一个从不懂到懂的过程,才能得到老师的帮助,从而真正掌握知识;对那些想问但又不知道怎么问的孩子,家长应提醒他们注意掌握学习方法,善于去发现问题。如上课前做好预习工作,在不懂的地方做上记号,或者事先把不懂的问题写在纸上,在老师讲解是时候学会做笔记、勤动脑筋、学会问“为什么”,经过思考和查找资料都不

能解决的问题，自以为找到了答案，但把握不大的问题以及那些对得出结果的过程不太明白的问题，都可以在课堂上向老师提出来；对不爱学习、根本就没有考虑过怎么提问的孩子，父母不要过分责怪他，而应帮助孩子从培养学习兴趣开始，首先让孩子喜欢学习，树立起自己能够学好的自信心。

鼓励孩子提问能培养创新能力

越来越多的教师和家长已经认识到，面对未来社会，孩子仅仅学好书本知识、获得高分是远远不够的，只有把书本知识和创新能力有机结合起来，才能使孩子站在人生舞台的制高点，满足飞速发展的社会的需求。

孩子的创新思维和能力如此重要，应该从何着手来培养呢？就家庭而言，鼓励孩子多提问、善提问、不人云亦云、不盲目崇拜、敢于反思和质疑，是培养他们创新思维和能力的有效方法。

表面上，爱不爱提问只是嘴巴上的事，实际其内在功夫体现的是孩子是否有一个勤于思考、敢于表达、习于创新的头脑。孩子爱不爱提问与学校教育体制及教师的观念、素质有关，尽管存在这些不确定因素，但家庭教育在这方面还是可以大有作为的。

(一)父母要做孩子提问的启发者

善于提问的孩子有出息，武汉就出了一个因爱提问而出名的小学生。江典帅在武汉市一学校上小学四年级，这个10岁的小姑娘发现，现行小学《数学》第七册关于“带小数”的定义不准确。她的质疑得到教材主编的认同，并将在再版时修正教材。

这个发现源于一次购物。一天，她跟爸爸妈妈一起到超市买东西，共花了45元钱，收款机打出的单据写着：45.00元。她百思不得其解：干吗非要在后面加两个“0”呢?她问爸爸、妈妈，没得到满意的答案。后来，老师在讲纯小数和带小数时，她突然想到：“1的后面不一样可加“0”吗?如果是这样，带小数不也有等于“1”的时候吗?

小典帅有这非凡的“眼力”，绝非一日之功，这与父母长期精心呵护她

创新质疑的精神是分不开的。

江典帅的妈妈江南美曾是一位小学教师，自从有了女儿以后，她就辞掉公职，做了专职妈妈。她是一个教育有心人，每天做完家务，都要花数小时学习教育学和心理学理论，做笔记、写心得，与下班回家的丈夫做交流。夫妇俩在教育女儿的主导思想上保持了高度的一致，达成了“双八字教育方针”：有问必答，百问不厌，平等宽松，信任鼓励。他们认为，这种家庭气氛能激发孩子对什么事都抱着好奇的心态，喜欢观察，习惯探究。这比单纯教孩子认识一些字、做几道算术题有意义得多。

在江典帅的家里，有两本厚厚的笔记，记载着江典帅提出的各种问题：圆规为什么可以画图？插座为什么有两孔的也有三孔的？为什么我的这么小的眼睛，却能看见那么大的汽车、房子？天上有雷阵雨，为什么没有雷阵雪？

江南美每天坚持整理孩子的各种问题，她说，只有正确引导孩子的求知欲，把她头脑中的“？”一个个拉直，才能激发她的想象力和创造性，拓展孩子思维的空间，促使她不断涌现更多的“为什么”。

孩子天生都好奇、爱问，可是能否坚持下去，形成爱提问的好习惯，与父母的反应和态度密切相关。很多时候，大人对孩子提出的问题心不在焉、答非所问、不耐烦，甚至被认为是找麻烦，孩子受到冷落，再去动脑子提问题的兴趣锐减，渐渐埋没了自己心中的许多想法，变成了一个不愿思考、熟视无睹、缺乏个性的人。这是父母们不愿看到的结果，却与父母们错误的教育态度密切相关。

其实，孩子间天生的差异是微不足道的，后天的教育才是孩子间差异的实质。每个孩子都有可能成为创新的行家，关键在于家长的培养教育到不到位。

（二）父母要有鼓励孩子提问和创新思维的教育策略

父母减少直接灌输知识的做法，先设悬念，再启发，让孩子自己“悟”出其中的道理。

与孩子一起观察事物，先多思考几个“为什么”和“怎么样”，再查阅资

料寻求答案。

建立一个“问题小博士”之类的笔记本，专门记录孩子提出的各种各样的问题，这是对孩子提问行为的莫大奖励。

家里多买一些“发现”、“发明”、“探密”一类的书，让孩子随手翻阅，让他对神奇的世界、神秘的人类充满好奇。

与孩子交流的时候，多问几个为什么，启发他向纵深思考，长期下去，他也习惯于遇事多问几个为什么。

即使孩子提出的问题很多、很简单，父母也不能嘲笑他；即使父母手头的活儿很忙，当时不能给孩子解释清楚，等手头的活儿忙完以后，也要继续与孩子探讨个水落石出。

对于回答不出来的问题，父母应诚实坦白，记录下来，与孩子长期共同探索。

(三)家庭学校密切合作，营造一个让孩子敢于表达的环境

如果孩子在家能说会道，在学校却畏缩不前，这与学校教育体制和教师的态度密切相关。父母与学校、教师的沟通技能技巧，关系到能否家校合作培养出一个爱提问、爱动脑的好孩子。

江典帅敢于向教学权威——教材发出挑战，是因为她有一个不肯向权威认输的爸爸，爸爸带头这么做，女儿自然敢于“勇往直前”。

老师曾布置一道数学题：在一个长宽若干米的长方形游泳池四周种树，每隔两米种一棵树，问有种多少树?江典帅的爸爸张以新辅导女儿完成这道题，答案却与老师的不一样。他便在家校联系卡上说明了自己解题的思路。过了一周收到老师的回复后，他再次申明应该把第一棵树种在泳池拐角上，要不然，答案不确定。最终老师承认这个思路有道理。对这道数学题的探讨，往返三次，家校联系卡已写满了，又转到信纸上写了好几页。老师感叹：没见过对孩子作业这么较真的家长!

父母这种执著的精神对女儿产生了良好的影响。江典帅上二年级时，班里上公开课，老师教大家认时钟。老师在黑板上画了个9时55分的示意图，时针指到10，分针指到11。这时，江典帅举手发言：“老师，这个钟画得

不对,如果是9时55分,时针就应该不到10。”在鸦雀无声的教室里,她的提问有点出人意料,老师愣了一下,并不觉得她令自己当众出了丑,当即承认:对,这个问题提得好!事后,班主任说,我们下面坐了那么多听课老师都没发现这个问题,这个孩子确实善于发现,而且敢于怀疑。一个问题弄不懂,别人的解释说服不了她时,她甚至会质疑书本,于是便有了对教科书的挑战。虽然,她的置疑未必都正确,但这种大胆精神却是非常可贵的。

江典帅被老师亲切地称为“问题大使”,她的爸爸妈妈很感激学校老师对女儿爱提问习惯的欣赏和维护。

(四)家校合作时,教孩子反思质疑精神的策略

(1)把孩子的“底细”告诉老师。如果孩子不爱说话,比较胆小,请老师多给孩子举手发言的机会;如果自己的孩子爱打破砂锅问到底,有时难免把握度,请老师不要误解为孩子在故意调皮捣蛋。如果孩子因提问受到同学的误会或老师的批评,父母要把事情的前因后果调查清楚后再心平气和地与学校、老师沟通、交涉。既不要偏听,也不要把矛盾激化。

(2)孩子对学校、同学、老师发表个人意见时,父母要注意倾听,教育孩子向别人发出质疑时,说话要懂文明礼貌,在尊重、友善的基础上学会与人沟通。

(3)在老师的回答不完整,甚至有错误时,也要教育孩子尊重老师,告诉孩子“学海无涯”、“知之为知之,不知为不知”、世上不存在万事兼通的人的道理。

(4)让孩子与爱动脑筋、爱提问的同学交朋友,让他们在互相切磋中,养成怀疑和创新的习惯。

调查显示,从幼儿园、小学、中学到大学,孩子越大越不爱提问。这里面原因很多,其中一个关键原因就是孩子问的问题越多,从父母和老师那里遭到的挫折也越多。随着孩子思维水平和内省能力的发展,他们渐渐发现“求人不如求己”,索性提问就越来越少了。

小学阶段是维护孩子提问习惯的黄金时期。这个阶段的孩子心里怎么想的就怎么提问,父母和老师应利用小学阶段这个“天赐良机”,创建一

个宽松和谐的环境,帮孩子养成好提问的习惯,奠定其敢于质疑,敢于创新的人生根基。

让孩子爱提问应从引导孩子的好奇心入手

孩子爱提问是出于对各种事物的好奇,我们说这种好奇是孩子难能可贵的天性,作为家长和老师,在孩子提出问题是时候,切莫扼杀了孩子的天性。而应找出其真正原因,对症下药这才是最佳良方。曾有这样一件事:有一个5岁的小孩子一看见从来没有见过的东西,总要去问问他的母亲。他的母亲因为没有什么学问,所以常常不能回答他。有一天,这个小孩子看见一个乌龟就去问他的母亲说:“那个会爬的是什么东西?”他母亲回答说:“乌龟”。他又问母亲:“那个东西有几只脚?”答说:“四只。”孩子偏还往下问:“那个东西为什么有这样硬的壳?”他的母亲就不耐烦了,厉声回答说:“竟问这些傻问题!乌龟自然有硬壳的。玩去!我没有工夫和你缠!”

天生爱提问的孩子有强烈的好奇心,好奇心与生俱来,只是表现出的程度不同而已。

2~6岁的孩子会提出一些稀奇古怪、五花八门的问题,往往让做家长的感到头疼,难以回答。有的家长缺乏耐心,对孩子的提问不理会或加以训斥;有的家长自己也不明白孩子所提的问题,就含糊其辞,敷衍了事;有的虽然明白孩子的问题,但由于讲解方法不当,孩子听不懂,也收不到好的效果……这些都会挫伤孩子提问的积极性。

幼儿爱提问,是其强烈的

好奇心和求知欲的表现。孩子一来到世间，就表现出认识这个世界的积极倾向，对周围的环境中所出现的一些新异而强烈的刺激物，会做出一些探究性的反射活动。当他们的语言能力达到一定水平后，他们就通过发问这种高级的认识方式来继续自己的探索活动。

问题是思维的起点。幼儿的发问也有一个从简单到复杂，从现象到本质的发展过程。幼儿的发问若得到正确地对待，就可增长其知识发展其思维，直至孩子可以自己去寻求问题的答案；若像所举例子中的那个孩子受到简单粗暴的对待，孩子这种可贵的思维火花就会熄灭，不利于孩子的成长。这一点各位做家长的一定要注意。

莫让自卑与胆怯扼杀孩子爱提问的天性

胆怯的人并不是别人吓唬他，而是自己吓唬自己，自己把自己打倒了。所以克服胆怯首先是要战胜自己。要孩子战胜自己并不是件容易的事，需要经历一个痛苦的过程，但是不迈过这一步，胆怯是赶不跑的。

素质教育专家认为，爱提问题是孩子的天性，但自卑、胆怯却往往成为扼杀这种天性的大敌。有的孩子认为自己不如别人，唯恐提出的问题不对，这样一来，想提的问题也不敢提了，时间久了，往往会使孩子形成沉默寡言的习惯。因此，要改变有的孩子不爱提问题这一状况，第一件要做的事就是让孩子克服自卑与胆怯。

人的胆怯往往是在犹豫中产生的，孩子也不例外。外出问路，刚想问就赶紧去问，越快越急越不容易产生羞涩心理。如果考虑来考虑去，会让胆怯占上风。“人家要不告诉我怎么办?”“人家要拿眼睛盯着我怎么办?”这么一想就不敢问了。家里来了客人，心里好奇产生了一种想看看客人的念头，这时只要立即去看，就不会害怕；如果稍一犹豫，就会想到“人家和自己说话怎么办?”“人家问起自己怎么办?”……胆怯心理就在犹豫中产生了，所以办事不要犹豫，要果断，一旦干了，习惯了，也就会觉得没什么可怕的，经常锻炼，胆怯心理就会得到克服。

胆怯往往会造成情绪紧张，致使本来很熟悉的事情也变得陌生了。例

如,有的孩子原来会回答的问题,一站起来就张口结舌了,下次再回答就更紧张、更胆怯了。解决这个问题的办法是转移兴奋点。什么事情容易引起紧张、胆怯,就先不想它,先不看它,把大脑中这个兴奋点转移到其他的地方。有的演员第一次登台,胆小、怯场,他往往采取眼睛避开引起怯场的观众,直视前方"目中无人",心里不想演出的事,而只想台词、歌词,这样就不紧张、不怯场了。演出一顺手,胆儿就大了。有的孩子借鉴这一方法,他们遇到胆怯的时候,也要采取转移兴奋点的做法,多次实验成功,就不会怯场,不会害羞了。

胆怯的心理很多孩子都有,谁要认为自己胆怯,谁就更胆怯;谁要认为别人比你胆怯,谁就不胆怯。比如说,在与人的交往接触时,你心里想,他比我还害羞、还胆怯,我怕什么?这样当你抬起头来说第一句话时,也就不会脸红了,敢于正视对方了。你心里若是总想着看对方怎么害羞的,那我就绝不会再扭捏了。变被动为主动是消除交往中胆怯、害羞的最好方法。消除胆怯的唯一办法就是面对现实勇敢地实践、全身心地学习,熟悉那些没有体验过的事情。"习惯成自然"讲的就是这个道理。

具有自卑、胆怯心理的孩子往往表现为孤独、不善提问,对人对事态度冷漠,怕在别人面前表现自己;说话声音很低,吞吞吐吐;做作业遮遮掩掩,生怕别人耻笑;忧心忡忡,没有信心,总感到事事不如人;对他人处处迎合,不敢坚持己见,不敢据理力争,逆来顺受,形成"自我压缩性人格"。

造成孩子自卑和怯懦的原因很多,有身体方面的因素,如:生理缺陷、经常生病、身体不好等;有教育方面的因素,如父母娇生惯养、溺爱袒护造成的依赖性,遇事缩手缩脚,压抑了孩子的自由发展,遇到困难畏难发愁;还有的是父母过分严厉,经常打骂、恐吓、羞辱,把孩子吓破了胆,形成怯懦性格;还有个人因素,使自己失去信心,胆小、自卑。

独立精神是克服怯懦的精神药方,要事事想着独立,提醒自己要独立思考,不要心存依赖。有了独立精神,解决问题胆子就会大起来。同时还要有意识地多接触人,主动参加集体活动,多到集体场合活动能够激发交友欲望,与人接触多了就不怯懦了。

能力弱往往容易自卑,要真正丢掉就要提高能力,努力奋斗。

“勤能补拙”,要多给自己设置困难,多尝尝战胜困难的滋味,成功体验多了就能增强自信,而且能改变周围人对自己的看法,提高自己在他人心中的地位,再与别人相处就不胆怯了。

锻炼自己的意志,培养勇敢的品质,也是克服懦弱的好方法。比如胆小怕夜黑,就应仗着胆子在黑路上走走;学着干点冒险的事(如爬山、郊游等)。意志强了,神经系统脆弱的毛病就没了。在锻炼意志时要向英雄人物学习,向强者学习,胆子就会大一些,就会有勇气去迎接挑战。

胆小、自卑的人往往身体素质较差,强壮的身体有利于树立自信心,因此要多锻炼身体,提高抗病能力,提高抗挫折能力,也可以提高自信,增加胆量。

鼓励孩子大胆提问

教育不应当只是知识的灌输,而应当是对儿童德、智、体、美的全面开发。家长和老师不能只会“填鸭”,而是要给孩子们插上智慧的翅膀。

不要总以为孩子什么都不懂,孩子的心灵深处绝不是一片空白。不同年龄的孩子常常会向父母、向老师、向他们接触到的人们,提出一串串精彩的问题。正因为他们初来乍到这个世界,常会对大人们习以为常、已经失去追根究底兴趣的事物,提出一个个“为什么?”如“天冷了水为什么会结冰?”“汽车轮胎上为什么会有那么多槽?”“自来水是哪里来的?”等等。孩子们的问题有许多是成年人所意想不到的,或者觉得可笑,甚至荒唐的。

不少大人面对那样的问题,可能会不耐烦地说:“去!去!去!哪有那么多为什么。”也许是他们自己也不太清楚,也许认为这些问题不值得回答。但是这会使孩子扫兴,经常这样,就会挫伤乃至泯灭孩子对周围事物的敏感与思考。如果老师和家长能够尽力给他们以满意的回答,这种可贵的好奇心发展下去,便会形成强烈的求知欲。要知道,当孩子向你提问时,正是引导孩子求知的好机会。

当然无论是家长,还是老师,都不可能什么都懂,什么都知道。别看孩

子小小年纪,有时提出的问题,就是这方面的专家,也未必都能提供完满的答复。遇到这种情况,那就如实告诉孩子,我也不懂。并可以对孩子说:你这个问题很有意思。与孩子一起兴致勃勃地查资料,找答案。不仅要帮助他们找到答案,还要帮助他们找到寻求答案的途径。切不可对他们的提问表示冷淡。

我们鼓励孩子提问,是为了培养他们对周围世界的观察与思考,并非必须立即把每个问题的现成答案告诉他们。如孩子提出鹿为什么长那么多角?什么鸟飞得最高?海水为什么是蓝色的等等。大人们可以说说自己的看法,也可以和孩子讨论,并引导与帮助孩子自己翻书寻求答案。好提问的孩子善观察,也好思考,他们的思维常常处于积极活跃状态。在这种情况下,学习主动性强,效果也好。这样的孩子还愁完不成教科书规定的那些要求吗?

目前,不少家长和老师仍然受传统教育方式的限制,过分强调死记硬背,而忽视了生动活泼地去启发孩子们的学习主动性。其实,人生下来就有渴望认识周围世界的本能要求,家长和老师千万不要去抑制和阻碍这种可贵的求知欲。要相信每一个孩子都有渴求学习上进的天性。如果说,你的孩子不肯学习,恐怕首先要反思你自己的行为是否得当。

巴尔扎克认为:打开一切科学的钥匙,毫无疑义的是问号,我们大部分的发明来自于发问,而生活的智慧大概就在于逢事都问个"为什么"。

我国著名教育学家陶行知先生,也大力主张培养学生提出问题的能力。他曾经写过这么一段话:"我有几位好朋友,曾把万事指导我。你若想问真姓名,名字不同都姓何:何事、何故、何人、何如、何时、何地、何去,还有一个西洋派,名字颠倒叫几何。若向八贤常请教,虽是笨人不会错。"

让孩子经常带着疑问提问

这颗数学"皇冠上的明珠",把陈景润引上了杰出数学家的宝座。北京市22中学特级教师孙维刚,也曾经以一道道有趣的难题,使一批批孩子对数学发生了浓厚的兴趣,把他们引上了奥林匹克数学竞赛的领奖台。

让孩子带着好奇的疑问,是引发其兴趣与主动求知的有效方法。做家长和老师的,要随时提出符合孩子年龄特征和理解能力而又有趣的问题,指出解决问题的方向与道路,让孩子能尝到接近并求得答案的乐趣。当然,这就给家长自身的知识水平及善于启发诱导的能力提出了较高的要求。

在休息时间,家长要多与孩子谈天说地、讨论说笑,在轻松愉快的气氛中,从日常生活中接触到的现象入手,经常有意识地提出一些有意思的问题,以引导和培养孩子勤于思考的好习惯。比如,在寒冷的冬天,玻璃窗上结满冰。这时你可以问孩子,你说窗上的冰是在里面还是外面?他很可能说是在外面。再问他为什么,他或许会说外面冷呀!这时你再让他走到窗户跟前仔细看一看、摸一摸。他会不解地发现冰竟是在玻璃里面。家里很温暖,外面很冷,可是为什么窗上的冰偏偏是在里面,而不是在外面呢?这个问题你不要马上给他做详细解释,而是可以留给他自己思考。等过几天有空时,再慢慢讲给他听。如果他自己能想明白最好,若想不明白,则在他思考基础上再讲就很容易理解,记得也牢固。

又如家里挺新的铝锅突然漏了,孩子不明白,你可以告诉他,铝锅放了盐就会漏,刀子上有水容易生锈。这是因为铝和盐、水和铁在一起会发生化学作用。那铝盒里放糖为什么不会起化学作用?再告诉他不同化学元素之间的作用不同,你现在还不懂,等你学了化学,就可以弄明白了。这样在当小学生时,孩子的脑子里就带着不少问题,对化学有神秘感。在好奇心与求知欲驱使下,希望快点开化学课。到了初中,一旦开了这门课,孩子便会如饥似渴地主动去学。当学到一点知识,他存在已久的问题有了答案,就会激起进一步学好这门课的兴趣。

孩子脑子里经常挂着一些疑问大有好处。例如有这么一个题目:用六根火柴搭四个等边三角行,每边长等于一根火柴杆的长度。这样的题,对一个只有平面概念的小学生来说,是很难做出来的。孩子答不出来不强求,也不忙告诉他答案,等孩子上了中学,一旦接触到立体概念时,这道题

就迎刃而解了。解决了一个悬挂多时的问题所带来的快乐,会大大鼓舞孩子的学习兴趣,会使孩子感觉到学习知识既有用,又有趣。

如何正确对待孩子的提问

幼儿期的孩子是好奇好问的,父母对孩子提问的态度和回答方法直接影响到孩子求知的欲望和智力的发展,那么,为了更好地促进孩子的求知欲和智力的发展,我们应该如何正确地对待孩子的提问呢?

(一)必须接纳孩子的问题

孩子经常提出一些令人忍俊不禁、无法回答的问题,如果家长不接纳孩子的问题,只是一笑了之、敷衍了事或粗暴制止,久而久之,孩子就不想再问了,这将导致其智慧的萌芽逐渐枯萎。因此,家长必须接纳孩子的问题。

(二)尽可能立即回答

孩子注意力不持久,如果不马上回答,孩子或忘掉了刚刚问的问题,或兴趣降低,都会大大影响其智力的发展。当然,这里所说的立即回答,并不是主张马上把问题的标准答案直接"告诉"孩子,而是说应该立即受理孩子所提出的问题,并努力通过对问题的受理来促进孩子对有关问题的思考,促进其能力的发展。

(三)以问代答

为了鼓励孩子养成有问题先自己动脑筋思考的习惯,对孩子的问题可适当地反问孩子,反问时要启发、引导,问题的难度要适宜。平时许多父母惯于用对与不对、可以与不可以、好与不好等肯定或否定的回答,如孩子问:"妈妈,你看我算得对不对?",妈妈回答说:"对";孩子问:"爸爸,这朵花漂亮不漂亮?",爸爸说:"不漂亮"。这样的回答虽然简洁明了,但不如这样回答"你认为怎么样?""你认为美吗?"更能促进孩子的思考;如果孩子回答:"不美。"你又可以这样问:"为什么不美?"……经常用反问,能促使孩子主动积极地思考问题,并渐渐地形成对周围事物特有的、属于自身的认识。

有些问题孩子问你，只是想验证一下他自己的想法，这时你采用反问的方式正合他的心意，并且这样的回答比你挖空心思去从科学的角度来回答更能让孩子感受到满足。

如孩子问："男的和女的有什么地方不同?"对于这个问题，如你回答说，男的有力气，女的温顺。这不符合现代社会的实际情况。如果你回答说，男的有胡子，女的没有胡子。可是现实中，孩子看到的却是男孩和部分男的是不长胡子的。对孩子的这一问题你可以这样反问他："你看男的和女的有什么地方不同呢?"可能孩子会迅速作出反应，得意地回答："这个问题我知道。男的短头发，女的长头发；男的不穿裙子，女的穿裙子等。"爸爸听后，可在重复孩子答案的同时这样附和说："对，爸爸也这么想的。"这样的回答就很得体，又鼓励了孩子的创造力。

（四）和孩子一起看书研究

当遇到无法解答或难以系统而科学地回答的问题时，家长应和孩子一起找书研究，要边看书边用孩子能够理解的词句向孩子解释。这会使孩子从小养成查字典、看书的习惯，将来遇到疑难问题就知道如何自己去找答案。

（五）间接回答

孩子的提问是各种各样的，有的答案是孩子心理水平难以理解的，或者极平常的事情，会使大人难以回答，或者即使回答了，也难以使得孩子感到满足。如果这种体验连续几次之后，孩子提问的次数就会减少，甚至会使得孩子对事物失去了应有的好奇心。如："太阳为什么会落下去?"这个问题，如从太阳与地球的关系上回答，或是用动力学说来回答，孩子不能理解。因此，要根据实际情况和孩子的年龄特点，采用拟人化的方法给予间接回答："一到晚上，动物们回家睡觉了，太阳公公也到山的那边去啦。"又如，晚上在外面散步，孩子看见月亮后会问："妈妈，月亮为什么跟着我们走?"你可以这样回答："因为月亮喜欢我们。"这样的回答虽然不符合相关科学原理，但却能使孩子的好奇心得到满足。

（六）以答引思

有些提问，答案多个，如果以一概全，简单作答，是不科学的。如有的

提问:“冰箱里的灯怎么熄了?”可答:“我说可能是停电了,你说呢?”巧妙启发,抛砖引玉,点燃思维火花。孩子会开动脑筋:“我说可能是冰箱坏了,可能是灯泡炸了……”再如,听完“狼和小羊”的结果,狼向小羊猛扑过去时,孩子提问:“吃了小羊,还是没吃?”如果简单地说吃了或没有吃,都违反了作者的意图,应利用这些“空白”,发展孩子的想象力,比如,用辅助提问:“牧羊人赶来了,会是怎样呢?聪明的乌龟赶来了又会怎样?”等等,启发孩子发挥想象然后自己作答。

让孩子养成爱提问的好习惯

我们常用有“学问”来形容一个有丰富知识的人,那么,怎样才能成为一个有学问的人呢?

“学”和“问”是辩证统一的,既有区别,又有联系。

“学问”两字的字面含义就包括学和问两个方面。问是学的开始,学是问的继续,学中有问,问中有学,学和问总是紧密地结合在一起的。

知识的获得是需要有一个认识过程的。而认识又总是开始于不认识的,也就是说,具有渊博学识的人,都是从无知识即有问题开始的。因此,提出问题是学习的起点,问题提出来了,就可到书本和老师那里去解决;问题解决了,学习就提高了一步。没有问题的学生,就谈不上有求知的渴望。

指导孩子在预习、上课、复习、考试、课外活动、课外阅读等一系列学习过程中,持续不断地提出问题,就可以使他们的学习由被动接受知识的过程变为主动探求知识过程。这对增强求知欲,集中注意力,提高学习兴趣,培养观察、思维、记忆等能力都是有好处的。

如何培养孩子良好的提问习惯呢?我们认为应从以下几方面着手:

(1)让孩子克服提问前的畏难情绪。

“提问无须脸红,无知才应羞耻。”这是养成提问习惯所必须具备的正确认识。提出问题的习惯不是一朝一夕就可以养成的。它是一个由浅入深、逐渐提高、日臻完善的过程。初学者总是和无知联系在一起,一开始提出天真幼稚的问题,完全是正常现象,没有浅显、简单的问题就不会引出深奥、复杂的问题。真正有水平、有价值的问题一定产生在天真幼稚问题之后,而绝不是在它的前头。所以要教育孩子不要因为提出的问题简单受到

同学的嘲讽而感到难为情,更不能因此而退缩。

学生能够思索、能够提出问题,那是老师求之不得的好事,老师是十分欢迎的。即使有少数教师对学生的提问还没有引起充分注意,甚至有冷漠表现,那也是暂时现象。孩子提问的畏难情绪是完全没有必要的。

美国的小学教育非常重视学生提问习惯的培养。学生在课堂上可以随时打断教师的讲课而发问,教师也绝不会因此而不满。相反,如果哪个学生能提出深刻的问题或提出教师讲课的错误,那么教师会高看一眼;如果提的问题教师一时回答不上来,教师会很高兴,会邀请学生下课后一道去讨论。这种不怕露浅的精神,正是科学态度之所在。

(2)要让孩子克服对教师的过分依赖。

教师在学生心目中,往往比家长具有更大的权威,起着十分重要的作用。是老师把学生领进知识的大门,在教师的熏陶下,学生的心灵得到塑造。教师的思想道德风貌、知识水平乃至行为举止都对学生有着深刻的影响。学生往往对教师的话毫不怀疑地加以接受,年龄越小,对教师的这种依赖性越强。正如有人所说的那样,有什么样的老师就有什么样的学生。

但老师并不是科学和真理的化身,他们有时也要出现差错,所掌握的知识也不能面面俱到,不仅中小学教师如此,就是大学教授也完全有可能回答不出学生提出的问题。有的教师经常对学生说,我们不懂的事情要比懂的事情多得多。因此,学生一味地依赖教师,就会妨碍自己的思考与创新能力的培养,也限制了提问习惯的培养,还不利于想象力和创造力的发展。因此鼓励孩子不唯书本、不唯教师、大胆质疑。

(3)应让孩子及时提问,先思后问。

学生提出问题,首先要自己去思考,试着解决;还可以和同伴商量讨论;再去请教家长、老师或查阅资料。切勿放任,不了了之或者是依赖家长教师回答。鼓励孩子养成好的习惯动作,要准备几个小本子,分别记下各科不懂的问题,及时向老师请教,这样就可以及时解决自己解决不了的问题,节省因价值不大的思考所花费的大量时间。

学习中积累的问题越多,则越容易产生积重难返的感觉。能够解决的问题要及早解决,这才能给以后的学习创造良好的条件。

另外,还必须正确处理思考与提问的关系。提问应该产生在思考之

后，不思就问或问后不思，就会滋长思维的惰性，对学习没有好处；反之，思后再问，不但会从问中找到问题的关键，而且能找到自己的差距，并会对问题的探求更深入一步。

回答孩子提问的艺术性

必须接纳孩子的问题。孩子经常提出一些令人忍俊不禁、无法回答的问题，如果父母不接纳孩子的问题，只是一笑置之、敷衍了事或粗暴制止，久而久之，孩子就不想再问了，这将导致其智慧的萌芽逐渐枯萎。因此，父母必须接纳孩子的问题。

必须立即回答。孩子注意力不持久，如果不马上回答，孩子或忘掉了刚刚问的问题，或兴趣降低，这些都会大大影响其智力的发展。

顺应孩子智能的发展来回答。父母如果从自己的角度，而非根据孩子的认知水平和接受能力来回答孩子的问题，孩子往往听不懂。因此，父母应尽量运用明白易懂的语言，以拟人、比喻、观察实物、实际操作及列举生活中实例的方式加以回答。

和孩子一起看书学习。当遇到无法解答或难以系统而科学地回答的问题时，父母应和孩子一起看书学习，要边看书边用孩子能够理解的词句向孩子解释。这会使孩子从小养成查字典、看书的习惯，将来遇到疑难问题就知道自己如何去找答案了。

也要反问孩子。为了鼓励孩子养成有问题先自己动脑筋思考的习惯，对孩子的问题可适当地反问孩子，反问时要启发、引导，问题的难度要适宜。

采取对生活有帮助的方式来回答。父母回答问题不要只就事论事，而要进一步教给孩子解决问题的方式方法。

同时，还要鼓励孩子大胆提问。为孩子树立一个好榜样，勇敢地提问。当你不能回答孩子的某一问题时，切不可感到窘迫不堪或不能自圆其说。如果这样，你就是在告诉你的孩子，当他在课堂上“丢了面子”时也可以学你这样去做。

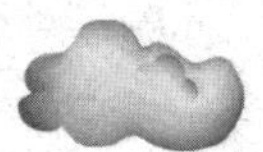

六、阅读法

阅读应从小开始，这一好习惯可以使人终生得益，对成才极有好处。教育学家和心理学上认为，多给孩子读诗非常有益。是在文学领域的地位重要非凡。较之散文，孩子更易接受诗歌。要培养孩子对诗歌的热爱，这对他今后的发展大有好处。

如何让孩子从阅读过程本身得到满足？最难的是从“轻松”的阅读和被情节吸引转向为阅读本身所吸引。父母要帮助孩子从真正的阅读入手，使阅读成为他的一种生活方式。因为孩子已经认定，阅读是愉快的娱乐。而且一定要让他明白，书并不全是可口的“糖果”。

让孩子在阅读中得到快乐

鼓励孩子自己读书的两个关键是：首先使他相信读书是件愉快的事；其次是找适合他阅读的好书。

在阳光明媚的日子里，坐在花园里安静地读书，这是一种真正的享受。

当你的孩子看到你无论读书、看报还是看杂志都是津津有味、兴致盎然时，他就会认为，读书既是学校里的功课，也是大人的一种消遣活动，一定乐趣无穷。否则为什么学校要教书，家长无事也读书而不是干点别的什么。或者是主观能动性的发挥，或者是耳濡目染之故吧。因此，当下雨的星期天不能出外活动时，或是在睡觉之前，或是在不看电视的晚上，孩子也会像大人一样，拿起一本自己喜爱的书阅读起来。

很多年以来，美国的教育学者吉姆·特利里里一直致力宣扬一个他认

为是当今最有效的教育秘诀。他说:“不管多么忙碌也要抽空给孩子朗读,因为那是除搂抱以外父母能给子女的最好东西。”

但是有些孩子并不喜欢读书,原因是什么呢?

哈佛素质教育认为,一个中等智力的孩子,在成长期中,只要让他有机会自由地接触到一些有趣、益智的书,他必然会被阅读的快乐所吸引,很自然地养成读书的习惯。即使这习惯在成年后,因为环境或生活压力而不能持续,早年自发阅读所积累的文字经验,也至少会使他在写作表达上比较流畅自如。

许多父母常常担心孩子不读书,或只读漫画、脑筋急转弯之类的书。会这样担心的父母,当然基本上仍是很关心孩子的阅读。假如他们的孩子没能养成较认真的读书习惯,问题便会在这些父母一开始就没有想到,为什么让漫画一类的读物比自己抢先一步虏获了孩子的注意力。

这些父母是否让孩子在开始认了字,对文字发展出探索兴趣的时候,就使他周围有一些能引导阅读的书?还是根本就放任自己的孩子每天坐在电视机前打发时间,或跟同学抢漫画书、玩游戏机?

孩子自发地爱书的时间极短,七八岁到十二三岁之间,如果他对文字单纯的好奇和喜爱,不能从唾手可得的书籍中得到启发满足,过了这个阶段,他的心思便要被许多其他东西所吸引,他的身心会被许多成长的烦恼所占据,父母能帮他建立一个阅读启蒙。以及可能的终生读书机会,大概也就从此失去了。

假设你家有个小学二三年级的孩子,你可以在他的房间放一个小书柜,里面放着有趣的童话,安徒生或格林或中国童话都可以;有比较简单的世界历史、地理、名人传记、昆虫世界、水族介绍等,当然,《金银岛》、《格列佛游记》也是可以的,让他随时有机会就拿起来,就开始读,就发现了一个吸引他的世界。

现代父母不必花费多少就可以提供孩子这些伟人曾经梦寐以求的阅读环境,何乐而不为呢?

当然,如果你的时间允许,跟孩子一起读读书吧。

把孩子引入智慧大厦

父母们都应该明白:任何一位学有所成者都与图书馆有一种不解之缘。给你的孩子也办理一个借书证吧!图书馆的借阅证是带领孩子进入浩瀚的思想和智慧大厦的通行证。

经常带孩子去图书馆,一起查阅书架上的书籍,挑出你们所需要的书。读完之后及时归还,再次借阅。

随着孩子年龄增长,你应该不断给他增加其他类别的书籍。如果孩子只爱看小说,应建议看一些非小说类的书;如果孩子热衷于中世纪充满浪漫色彩的文学书籍,则应引导他看看具有近代的传奇文学。

取一份适于你孩子这个年龄段儿童阅读书籍的书目,大多数学校的图书馆都有一些此类的书。有些专门介绍儿童教育的杂志也经常推荐一些适于儿童阅读的书籍。你可以从这些介绍中选取一两本合适的,再到图书馆去查找借阅。

随着孩子年龄的增长,他在图书馆里度过的时间也越来越多,也许每隔几个星期就要在图书馆坐上一整个下午或晚上。如果孩子有一份数量和难度很大的作业,你可以让他带到图书馆去做。那儿有他所需要的参考书及工具书。如果你在查阅资料进行研究之时孩子只想随便翻阅一下,那也可以带他一同回去。应该记住的是,父母和孩子一起坐在图书馆里总比让孩子泡在电视机前要好得多。

你的孩子也许有一些研究思考性的任务要做,应该鼓励他将这一任务视为对自己的一种挑战,看他能从中学到多少东西,他是否能使这一问又变得更加富有意义,而不是看他有多大的可能性将事情敷衍应付过去,只求能够升级就行了。

要教会你的孩子怎样合理使用图书馆的书籍。别期望过高地将图书馆视为解决一切问题的去处。教给孩子在图书馆如何提出一些问题,当他要求图书馆管理员为他服务时,不要忘记说声“谢谢”。你们还可以将一些细小次要的问题集中安排到图书馆去进行。也许其中有一些与你孩子的

爱好有关，还有怎样装饰居室，安排即将来临的一次家庭节假日等。你们一起查阅商讨，共同享受其中的乐趣。

孩子5年后想知道哪些问题?他们生活的情形将会怎样的?这些问题也许谁也无法确知。你和孩子的老师所能期望的是：教会他们基本的技能，教会他们如何去学习。图书馆只是一个教会人们如何学习的社会场所。

另外，父母们应注意，要让孩子读感兴趣的书。

很多人有读书和理解的能力，但很少人真正喜欢读书，普遍存在的困难是，人们很难喜欢书籍和从阅读中得到乐趣。

全世界的研究人员和学者都把注意力集中在研究儿童最初对书籍的爱好方面。儿童时期的模仿性是很强的。学校往往忘记了，儿童在被迫阅读书籍之前，必须要爱书。学校之所以错了，是因为没能在学生和书之间建立亲密的关系。学生从未把书与乐趣和愉快的活动联系在一起，而经常与责任和义务联系在一起。把阅读当成一种乐趣的读者，在他很小的时候，父母经常给他们高声朗读有趣的书籍。儿童应该能接触到家中书架上父母的书，尽管这样做会使父母的一些书受到损坏，但重要的是使儿童与书建立了亲密关系。在学校中，事情要复杂了些。知道学生阅读计划的成败在于选择有趣的题材。为了进行测验而让全班读同一本书的做法是灾难性的。当学生从一本书中发现一个有待解决的问题，而又不能接触到封存在图书馆内的其他书时，情况就更糟。

在适当的时候选择适当的书可以为儿童和青少年挖掘这个得到乐趣的新源泉。用著名作家难懂的作品吓唬学生不再行得通，学生应该阅读自己感兴趣的书籍。值得关注的是阅读坏书是很危险的。在孩子们发现求知乐趣的最初阶段，父母和教师应该及时加以指导。

引导孩子自己读书

据心理学家的研究，对大脑频繁、紧张、持久的刺激，有利于孩子的智力发展，而阅读正是能够提供这样的刺激。所以引导孩子经常阅读，能使他们更加聪明。通过阅读，可以把孩子引入一个神奇、美妙的读书世界，使

他们的生活更加丰富多彩、乐趣无穷。还可以使孩子从书中获得人生的经验。因为人生短暂,不可能事事都去亲身体验,书中的间接经验,将有效地补充个人的不足,增添生活的感受。通过阅读,可以读到古今中外作者的名言警句,读到天文地理各种知识,可以扩大孩子的眼界,丰富孩子的知识。

同时,读书还可以塑造人格。阅读的内容可以影响孩子的兴趣、性格、理想、世界观,对个性的形成,志趣的发展都会有重要作用。而阅读能力是学习的基础,也是以后学习与事业成功的重要条件。良好的阅读习惯与浓厚兴趣,会陪伴和影响整个求学过程,乃至更加长远,会使孩子受益终生。

作为家长如何引导和培养孩子的阅读习惯,并能从阅读中汲取有益的营养呢?

你可以通过与孩子一起享受阅读的喜悦,培养孩子阅读兴趣。要使阅读成为孩子生活中不可缺少的内容,使阅读成为一种享受而不是负担,这需要身教。有个三岁的小女孩,曾对她妈妈说:“爸爸一看书,为什么不理我呀,书比我还漂亮吗?书比我乖吗?爸爸干吗那么喜欢书吖!我也要看书,我也要读书。”这一段天真幼稚的“孩子话”充分说明,如若家长视阅读为生活乐趣的一部分,孩子自然会乐于读书。你经常津津有味地读书看报,对待书报总是兴趣盎然,孩子便会觉得读书一定很有趣,对书籍充满着好奇。这时,你可以先选择孩子能看懂、且有兴趣的内容给他讲,稍大一些就可找一些童话念给他听,当孩子慢慢喜欢上这些美丽的故事后,就可以教他自己去看书了。

要把读书作为一项消遣活动,在茶余饭后闲暇时间,在轻松的气氛下,安排一小段时间,与孩子一起读几分钟书,也可在外出游公园时,带上一两本书,在公园里、在郊外、在河边,在清新的空气下、在鸟语花香的环境里,与孩子一起读上几段书。这样,自然而然地把孩子引入图书世界,使读书成为孩子的消遣之一。

千万不要在孩子正从事他最喜欢的活动时,让他去读书,更不能用任何强制粗暴的方法,勉强孩子去读书。阅读不仅必须自愿,而且要成为孩

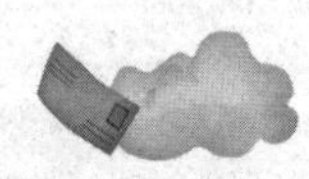

子自己的渴求才能持久而奏效。

家长的另一个任务是要帮助孩子选择好书。要在孩子成长的各个年龄段,寻找适合他阅读的书。在中学阶段,让孩子看一些科学家、伟人及各行各业中有成就、有作为的人物传记、报告文学之类书籍,为孩子树立具体的学习榜样,使之学有所循。这对帮助孩子树立远大的理想与志向十分有益。让孩子课外阅读的书,要浅显易懂,容易引起兴趣;若过于艰深难啃,会挫伤孩子的读书兴致。要逐步由浅入深地引导他去广泛地阅读。

为孩子找书,要照顾孩子的兴趣爱好,如孩子喜欢足球或喜欢流行歌曲,就可以适当选一些登有球类赛事或介绍歌星的书报杂志给孩子,以便引起他阅读的兴趣。为孩子选择小说时,要选故事有趣、情节动人、内容适合儿童的书;为孩子买书,最好买装潢精美,带有漂亮插图的儿童图书。随着孩子年龄的增长,让孩子阅读的书籍,内容也要不断扩展,并逐渐教会孩子自己选书。

你在为孩子找书时务必牢记下面几点:

(1)要找短小和浅显易读的书。最好先让他阅读低于他的课本水平的书,当他有了一定的阅读能力时,他会进而去啃比较难的书。

(2)找关于你孩子感兴趣的事物。比如足球、业余爱好、体育明星的非小说类文学作品。

(3)选择小说时,最好挑情节和对话多的小说。书中最好有大量适合小读者看的插图。那种章节短小的书会使小读者有信心把书读完。如果你希望你的孩子每天能读够一定数量,你可以让他把通常的就寝时间稍稍推迟一些。但这只能偶然为之,不能经常化。

儿童开始接触书本的年龄和方式各异。但是,父母在协助孩子培养阅读兴趣方面,还可以这么做:

(1)从家长感兴趣的书着手。在找出孩子自己的喜好前,先挑一些家长自己小时候爱读的书和一些能引发孩子想象力的新书。家长欣赏的书,孩子大多也会感兴趣。到附近的图书馆去,请儿童部的图书管理员推荐一些小孩子喜欢的作家和作品。

(2)养成习惯。要养成孩子阅读的习惯,就得每天腾出固定的时间和孩子一起看书15~30分钟。换句话说,要有足够时间让小读者坐好,集中精力,且能享受其中的乐趣。

(3)以身作则。家长看书的时候,孩子会看着家长。若家长表现得似乎并不喜欢,孩子会以为阅读并不怎么有趣。不管家长多么累,切勿懒散松懈。应该用心阅读,发挥表演才能。若家长表情厌倦,就别期望孩子有兴趣。

(4)轮流朗读。孩子长大了,鼓励他们朗读——最理想是配合丰富的表情。"朗读"也可以是家长一边翻书,一边叫孩子给你讲书里的故事。

(5)尽量多借书或买书。养成小孩到图书馆去的习惯,把家里的书架塞满,每次购物时,如果孩子要家长买东西给他,就买本书。书比玩具便宜,却是对孩子前途的更佳投资。

孩子的书架上应该有哪些书

据埃及艾因·舍姆斯大学发表的一份研究报告说,8~11岁的儿童最好选读一些有图画的书。

在对1200多名小学三至五年级的学生进行调查研究之后发表的这份研究报告说,这个年龄阶段的小学生应阅读以下种类的图书:首选的应是一些童话故事书,其次是科学幻想故事书,尔后是传奇故事书和英雄人物故事书,再其次是数学游戏、发明创造、科学知识、动物世界、海洋、旅行、战争、历史、笑话、娱乐、诗歌、传记和天文、地理等方面的一些书籍。

这个年龄段的小学生阅读这类书籍可以从中找到乐趣、增长知识,度过一些空闲时间。他们可以从学校图书馆得到他们想阅读的这类书。

研究报告强调说,不要把经济和社会因素同孩子的阅读联系起来,也不要让这些因素影响孩子对图书的选择。

为此,必须准备足够数量的书满足孩子的愿望,并照顾到男孩和女孩对不同内容图书的选择。8~11岁学龄儿童阅读的图书要有图画来帮助他们对书中内容的理解,同时,形式要简单,能启发学生思考,从而帮助他们

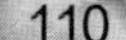

掌握科学知识。

研究表明,家庭给孩子提供的图书越丰富,孩子的阅读兴趣也就越高,阅读理解能力和对书的鉴赏能力也比较高。

然而面对市场上令人眼花缭乱的儿童图书,家长们越来越困惑:我该选择什么?孩子只爱看与动画片有关的图书,我应该满足他吗?我给他提供足够丰富的图书了吗?的确,在图书的价格与质量、孩子的兴趣与家长期望之间总是难以找到恰当的平衡点。

儿童图书的种类非常丰富,例如从材质上可以分为纸书、塑料书、布书、木板书、有声书;从内容上可以分为儿歌、童诗、图画故事书、概念书、知识书等等。每一种图书都有它独特的价值和吸引力,选择什么则要依据孩子的阅读兴趣和阅读能力,希望以下几点建议可以为您提供参考。

(1)选择符合孩子兴趣和生活经验的图书。

选择符合孩子兴趣和生活经验的图书是一个好的开始,比如《猪爸爸的屁》、《爱尿床的小鼹鼠》等温馨的小故事会受到3岁孩子的热烈欢迎,而大一些的孩子更喜欢情节曲折、复杂的故事。找准了孩子感兴趣的图书类型,无疑为孩子走进阅读世界打开了一道门。但如果孩子只喜欢质量不高的图书,那家长就有责任给他介绍其他图书,而不能一味迁就。

(2)选择帮助孩子积极参与阅读的预测性图书。

预测性图书是指有重复的语句、反复性的内容或情节的图书,比如大家熟悉的《拔萝卜》、《三只蝴蝶》、《好饿的毛毛虫》、《爱吃苹果的鼠小弟》等。这种书能鼓励孩子积极地加入到故事阅读中,通常大人为孩子阅读几遍之后,孩子就能看着书中的插图独立复述故事了。值得注意的是,如果只是单调无聊的重复,孩子很快就会失去兴趣。好的预测性图书,每一页都有巧妙的相关变化,吸引着孩子一遍又一遍地阅读下去。

(3)选择丰富孩子语言的图书。

让孩子接触丰富的语言和词汇可以提高孩子的语言表达能力。语言简单的预测性图书在这方面就有局限了,而语言丰富优美的图画故事书、儿歌、童诗等则可以满足孩子语言发展的需要。像《彩色的乌鸦》里的大段

描写："很久很久以前，乌鸦可不是像现在这样黑乎乎的……他们的羽毛有粉红色的，有金黄色的，有绿色的，有的还拖着紫罗兰色的尾巴，或是有着一道道鲜艳的条纹，就像彩虹一样美丽。""当五彩缤纷的乌鸦落在树上时，大树变得绚丽多彩，就像春天又回来了。"孩子很容易对这些平时不常听到的词感兴趣，并会尝试着在生活中去运用。

(4)选择丰富孩子概念和知识的图书。

概念书是描述一件、一类物品或一种抽象观念的图书，它能帮助孩子形成有关事物的名称、大小、重量、形状、感觉等抽象概念，促进孩子的认知发展。识字书和数数书也属于概念书的范围。而知识书的内容几乎无所不含——天文、地理、动物、植物、人体、机械等等，它能够满足孩子旺盛的求知欲，丰富孩子对于世界的认识。这两类书在市场上随处可见，需要注意的是，一定要选择概念和知识正确、符合孩子理解范围的图书。

掌握了这些原则，下次你再走进书店的时候就不会被一开始的那些问题弄得心烦意乱、望书兴叹了吧。

怎样培养儿童的阅读兴趣

大家都知道"开卷有益"，尤其是在儿童期就养成阅读习惯，更能奠定孩子未来爱看书报的兴趣，终生获益匪浅。但是，怎样才能让孩子心甘情愿地开卷，并且乐此不疲，父母恐怕就得下点工夫了。你不妨利用这个假期开始。

(1)多带孩子上图书馆。

学校老师如果能多出些要利用图书馆资料才能完成的作业，或家长自小就养成"一有问题就上图书馆找答案"的习惯。日子久了，孩子懂得从书本中可获得知识，由书本可以解决困难，自然就会乐意接近书本，进而养成阅读习惯。

(2)多讲故事给孩子听。

说故事本身就是一种口语文学。孩子在听了好听的故事后，会激起对故事情景的幻想，以及对故事细节的探究，进而引起翻阅原书的兴趣。

儿童图书馆就经常举办“说故事时间”，为儿童介绍新书或馆藏，通常也得到孩子热烈的响应，使借书率大增。这就像好电影和精彩的连续剧上演，会带动原著风行是同样的道理。

(3)接触制作精良的故事录音带或儿童文学录音带。

美国有许多“儿童文学视听套装”出售，因为有的孩子喜欢看书，有的孩子喜欢听录音带，所以便提供多种媒介功能来吸引孩子的兴趣，和听故事一样，只要媒介内容制作精良，都能引起孩子阅读原书的兴趣。所以，图书馆都把它视作为推广的活动项目之一。

(4)为孩子安排一个看书的环境。

有机会的话，家长不妨多带孩子去看书展、逛书店，家中常有好书出现，让孩子几乎随手可得，而且亲子、兄弟姐妹中经常讨论阅读感想，建立起阅读的气氛，才能引起阅读的兴趣。

当然，如果孩子真的对阅读没有兴趣，也千万不要强求，“万般皆下品，唯有读书高”的时代已经过去，不愉快的阅读经验，只能带来对读物的反感，反而不利。况且天底下的好事情还多得很，阅读不是唯一的，培养孩子好奇、求真的心可能更重要，绝不要为了阅读而阅读，这是痛苦的。

预测阅读法

所谓“预测阅读法”，就是对所学的课文不要忙着看到底，看过课题和开头之后，闭目静思一下，设想这个题目由自己来写，准备怎样组织篇章结构，准备怎样论述，将自己的设想写下来。然后再拿它与原文对照，看哪些地方不谋而合，哪些地方不同，相比之下，作者的写法有什么好处，或自己的见解有何独特之处。这种阅读法是河北的马江龙老师创造的。他认为：“这样既能印象较深地学到语文知识，又能锻炼学生的创造力，有益智力的开发。”具体地讲，他认为这种方法有以下四大优势：

(1)有助于孩子鉴赏能力的提高。

新教材编入的课文中，有一些是培养孩子的文学欣赏能力的，如果一开始就把课文直接读给学生听，这无异于“填鸭式”的教学，孩子被动地欣

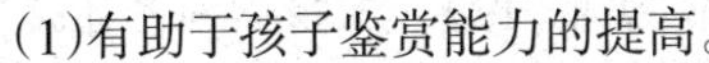

赏,思维得不到开阔,对课文精辟的论述印象不深。如果采用"预测阅读法",那么效果就不一样了。例如,在教《(咏柳)赏析》一课时,可先让孩子背诵、默写《咏柳》这首诗,然后再让孩子自己试着"赏析"一下。这时我们发现,孩子的赏析大都只限于对诗的字面的理解,其实是对诗的一种现代文翻译,蕴涵于诗内的真谛说得很少,或理解得浅显。这时再打开书,看看原文,孩子才知道这诗本身以外的意境:《咏柳》诗并非仅仅咏柳,而是借咏柳来咏春的。

(2)有助于开拓孩子们的想象力。

想象能力的培养,是语文课中必不可少的环节。这样不但能开阔孩子的思维,更有利于培养孩子的创造力。孩子对漫画是能够看懂的,但是用描述性的语言,准确、生动地加以说明,就不容易做到了。《笑的武器》一课是谈华君武的"动物"漫画的,教学时可先让孩子直接看漫画,讨论喻义,口述对漫画的说明。孩子往往只注意漫画的表面,而深入不到画的内涵;往往只注意漫画的大概内容,而忽视了一些小的细节,更缺乏几个画面之间的联系。带着这些问题,再看《笑的武器》就会感到《公牛挤奶》是多么滑稽可笑;《转败为胜》中对乌龟的刻画真是入目三分。用预测阅读对于想象能力的培养,不但用于图画,也应用于课文中的片段分析。如《盘古开天辟地》倒数第二段。这个故事说,世界上的一切都是盘古的身体变成的,看着黑板,大家一面想着自然界的一切,一面想:盘古的"声音"能变成什么?他的"手足"能变成什么?……最后和课文对照,看谁说得更有道理。

(3)有助于孩子逻辑思维的培养。

"预测阅读法"能充分发挥孩子的逻辑思维能力,使之在与课文的比较中,逻辑思维能力有质的飞跃。在议论文单元中,立论部分易掌握,驳论部分却好像无处着手,对教材中的一些课文,用一般的阅读方法,不太容易看出好在哪里。如果"预测"一下,读起来会有较深的体会,就能领悟作者高度的思想水平和高明的驳论技法。《驳"实惠"论》一文自读前先让孩子思考:有一些人说"学雷锋,不实惠",该怎样反驳,让孩子谈谈自己的想法。《个人和集体》一文,让孩子读过开头部分,把书合起来,想想接下去该怎样

反驳才好。最后结合课文，才领悟到前者直接驳论点，后者直接驳论证为佳。为掌握说明文《故宫博物院》的说明方法，可采用看故宫的挂图、复述说明，再和课文比较，体会空间说明的好处。

(4)有助于同学们基础知识的巩固和提高。

学过的一些基础知识往往是零散的、不具体的，把这些将要遗忘的、零散的、不具体的知识回忆起来，就是巩固；再把这些知识按一定的层次、格式、逻辑规律连贯起来，便是巩固和提高。利用“预测法”可以达到从巩固到提高的目的。例如《谈笑》一课写作目的是为了说明祖国的语言是何等的丰富，何等的生动。对于笑，我们并不陌生，用于笑的词语也经常见到，可是让你说出一百多个关于“笑”的词连缀成篇，也并非是一件容易的事。其实这大部分的词语我们都接触到了，可是为什么会出现这种情况哪?那就是遗忘。为了达到巩固和提高的目的，在上课前，先让孩子写个“小练笔”:把你所知道的、现在所能想到的关于“笑”的词语集合起来，造个大句子，要求前后连贯，且有一定的思想内容。让二三名孩子在课堂朗读完之后，再学《谈笑》。看看我们学过的知识遗忘了多少；有哪些关于“笑”的词课本上没有，我们却想到了；在组词成篇的过程中，各有什么特色。

教学实践表明，“预测阅读法”的确是启发孩子智力，训练孩子能力的一种好方法。据说著名科学家华罗庚先生年轻时看书就爱先看看书名，然后闭目静思这个题目到了自己手里应如何写。旅美学者李政道先生看书也爱先看开头和结尾，然后认真思考中间应如何写。他说，只有这样读书，才能消化“别人”，读出“自己”。

“记账”读书法

简单地讲，“记账”读书法就是把读过的每一本书都像家庭记财务账一样一本本地记下来。江苏省的张明同志，就是这一方法的受益者。他喜欢读书，他的业余时间有60%花在读书上。他可以自豪地说，他现在已是读书“亿字户”，这是他的“读书账”告诉他的。张明同志读书有个习惯——记账。这账目分:读毕日期、书名、作者国籍或朝代、字数等几个栏目。读完

一本书,就记下一笔账。他的读书账目从1976年9月1日开始记起(他参加工作之日),至今从未间断过。随着时间的推移,他的小账本儿已显得越来越珍贵了,每当感到无聊之时,翻开小账本儿,心中会产生一种说不出的愉悦。

现在仔细想想,他的"流水账读书法"至少有如下四点好处:

(1)它可以促使你勤奋读书。

每年年底,他翻开小本子,数一数这一年读了几本书,读了多少字,同前年比一比,是读多了还是读少了;如读少了,则想想为什么少了,来年准备读多少书,读哪些书。这不但总结了上年,还有一个规划来年的意义。

(2)它可以给你无比的快慰。

每当闲暇无聊或心情不快之时,翻开小本子看看,心理上就有一种满足感、自豪感。别人是万元户、亿元户,他却是个"亿字户"。数一数,近二十年来,他读书1251册,计1.1亿多字。这不也是张明同志的财富吗?当学生向他询问杂七杂八的问题时,他能深入浅出地为其一一解答,满足了他们的求知欲,这时,张明同志的心里自然也得到了满足和平衡。于是,他告诫自己:还是要读书,读书,读书!

(3)它可以记录下你读书的轨迹。

从账本上可以清楚地看到,哪本书是属有计划地读的,哪几本是顺手读来的;哪个时候读的是专业书,哪个时候读的是娱乐性的闲书;古今中外名著读了多少,还有哪些没读。

比如,从账本上可以看到,张明同志从1976~1983年,读的是专业书占多数,1984~1987年,读的气功学方面的书不少,1988年至1991年,主要读的是文学名著,1992年以后,主要读的是地方史书。纵观1200多本书中,又是文学书占多。

(4)它可以使你警惕骄傲之心。

读了1000多本书,有时不免暗暗自喜,但翻开小本子数数,古今中外在文学史排的上号的书,已读的尚不足一半。于是,张明常常警告自己:书的海洋是广阔无垠的,还有好多书正在排着长长的队伍等待着接见呢,骄傲

之心不可有啊!张明同志的“记账”法,是每书记录“读毕日期”、“书名”、“作者”和“字数”等几个项目。其实,也可以多设几个本,一个本记专业书,一个本记非专业呢?

文言文“五步阅读法”

现在孩子看书少,看古书更少。因而文言文阅读能力普遍较差。不少孩子拿到一篇古文,觉得满篇皆生,不知所云。为此,李安全老师特地总结了文言文“五步阅读法”。

(一)预读

其主要目标是:读准字音,准确停顿,把握节奏;了解有关作家作品常识;从整体上大体把握文章的基本内容。

具体做法是:

(1)查阅工具书,结合注释给生字生词注音。

(2)清楚准确地朗读课文。

(3)结合课文注释和语文工具书,了解有关作家作品常识。

(4)结合预习提示或自读提示从整体上了解课文。

(5)通过解题和通读全文把握文章的基本内容和问题特征。

(二)抄读

其主要目标是:熟悉课文,自学存疑,明确学习的重点和难点。

具体做法是:

(1)勾画并抄写课文中的生字生词、名词警句。

(2)勾画并抄写课文中的难句。

(3)记录在阅读课文时产生的疑难问题。

(4)阅读并摘抄(或作提要,目录)与课文相关的辅助材料。

(5)结合各个单元学习的提要、课文预习提示、思考和练习确定学习的重点和难点。

(三)解读

其主要目标是：通过语言分析，具体地感知课文内容，把握文章表现出来的作者的观点、态度或思想倾向。

具体做法是：

(1)结合语境，从句子结构和上下文去深入理解疑难词语和句子的含义。

(2)利用古汉语常识具体分析文中特殊的语言现象，准确地把握文章。

(3)翻译(可以是口头的也可以是书面的)课文或课文片段，以求深入地从整体上把握文章。

(4)课堂专题讨论，落实重点难点，分析解答课后“思考和练习”中的语言训练题。

(5)指导学生查阅文献资料，就重点的实词、虚词和语法撰写语言小论文，以巩固所学知识，强化能力训练。

(四)拼读

其主要目标是：就思想内容、章法结构、表现技法、语言艺术、艺术风格等方面对文章进行文学和美学的鉴赏性阅读及评价。具体做法是：

从文体特征出发，总体上把握文章作为一种“类型”的基本特征；比较阅读，从内容和形式方面对文章的具体特征和作者的艺术个性进行分析；课堂专题讨论，研究重难点，并分析解答课后“思考和练习”中的有关文章分析和鉴赏的练习；利用辅助阅读材料，把文章放在具体时代和历史发展中去进行宏观的分析，运用辩证的观点和历史的观点对课文进行客观的评价；指导学生写作文艺评论，以加深对课文的审美理解，从而培养其艺术鉴赏和艺术创造能力。

(五)诵读

其主要目标是：加深理解，强化记忆，丰富语言，积累材料，训练语感，培养素质。

具体做法是：

(1)在理解的基础上，反复朗读，力求熟读成诵。

(2)朗读品味,背诵名篇、名段和名句,准确记忆。

(3)扩展阅读,研读与文章相关的材料,扩大知识面,以求更为全面深刻地理解课文。

(4)整理学习笔记,编写学习小结,以突出重点难点;写作读后感或思想评论,以求陶冶情操。

运用“五步阅读法”必须注意以下几点:

(1)要充分调动主观能动性。如果不激发孩子的学习兴趣,学生没有主动性、积极性,这一科学的方法也毫无价值。

(2)要因材施教。不同的课文,难易程度不同,也有不同的“特点”,在运用五步阅读法时不必篇篇相同、步步到位,而是要灵活运用,力求行之有效。

(3)应以解读和品读为重点,同时也要因人而异、因文而异,各有侧重,教师点拨启发和示范解剖时,可将解读和品读结合起来,但必须明确分析的基本思路和策略,把握理解品析的主要层次和角度。

如何快速阅读

当拿到一本书,应该在基本了解这本书的大体内容后,再决定是否值得花时间去读。

那么,有没有一种快速阅读的方法呢?快速阅读法的关键是在眼停(瞳孔不运动时)的瞬间,能感知到较多的词汇量。如同我们平时所说的“一目十行”。通过快速阅读的练习,就能很快抓住关键词语,理解句子的意思。比如在阅读“那么,有没有一种快速阅

读的方法呢?”,只要抓住“有没有——快速阅读——”这两个关键词语,就理解这个句子的基本意思了。

据说,阅读推理小说能够提高阅读的速度。推理小说故事吸引人,进入大脑的单词量自然比内容深奥和陌生的书要多一些。像这样的书在休息时或睡觉前阅读,不但不是负担,还能使你掌握速读方法,对阅读其他书大有帮助。

拿到一本书,先看书的标题和副标题、作者和出版者、编者的话和关于作者的说明;然后,浏览目录,阅读内容提要、前言或后记;最后,以跳读的方式大体翻阅全书,并注意出现在章节始末的小标题。这样,就能基本了解这本书的内容,然后再决定是否值得花时间去读。

有时为了寻找某些资料,筛选出自己想了解的信息,也得运用快速阅读法。这种阅读,要把自己想了解的信息牢记在心中,尽快移动眼睛扫描阅读,并注意运用标题、缩行、不同字体的标示等,帮助自己搜寻所需的资料。

除了运用浏览的方法快速阅读外,对长篇文章还可以采用预读的方法。所谓预读,就是当你读一本书的时候,可以先看开头的两段。接着只看以下各段的第一句,然后将最后两段逐字逐句读完。这样的预读可以使你迅速对文章的内容有一个概括的了解。

另外,还可以采用群读的方法进行快速阅读。群读,就是能使自己阅读时,一瞬间不是看一个字,而是看一个或是几个词汇。当然这种快速阅读的方法要进行一段时间的训练,才能做到。你可以找一篇比较通俗易懂的短文来进行群读,训练自己一次能“扫视”上3~5个字。这样经常进行训练,阅读速度就能大大提高。

如何提高孩子的英语阅读能力

学习外语的人都想获得较强的阅读能力,因为阅读不仅对其他语言技能,如听、说、写、译的发展起着辅助与推动的作用,而且是获取知识及各种信息的重要手段。那么怎样才能获得较强的阅读能力呢?

（一）重视基础知识，提高阅读能力

语言基础知识主要包括语言三要素：语音、词汇和语法。三个条件中，前两者尤为重要。因为阅读篇章难度的大小取决于词汇、短语搭配及句子结构的变换。如果在一篇材料中，读者几乎没有什么生词和不熟悉的短语搭配，也没有不清楚的语法结构，那么理解起来当然就容易了，阅读起来也就快了。

（二）掌握阅读技巧，加快阅读速度

掠读法。所谓掠读法，又称"浏览"或"略读"，就是很快地浏览全文以求抓住文章的梗概。要想利用掠读法在较短的时间内了解全文大意，就必须学会找主题句。找到了每段的主题句，那么这些主题句的意思加起来就差不多是全文的中心思想了。

意群询读法。有意义的语法结构被称为"意群"。为了加快阅读速度避免逐字阅读，掌握以意群为单位进行阅读是一个比较容易且效率较高的方法。阅读时，用视野将每句按意群为单位分割为"块状"，眼睛只需注视每个"块状"意群的中心词，不必每个单词都注视。

用上下文线索猜词义。通过上下文来猜测词意是提高阅读速度的最重要手段之一，在阅读时，如果碰到生词就查词典，那样太耗时间，因此教给学生一点猜词义的技巧对提高他们的阅读速度和理解能力大有裨益。

（三）选择适当材料，激发阅读兴趣

指导学生选择阅读材料的标准，应该是阅读材料所包含的句子结构和语法现象基本上不超出已学的范围，生词不多于5%，学生能独立阅读并理解90%左右的内容。反之，若阅读材料的难度较大，结构复杂，生词连篇，学生读起来感到困难重重，力不从心，乏味无比，也就失去了继续阅读下去的兴趣。

七、解题法

专家认为,一个好的解题是必须领会并要记住下面的两句话:"一个你已经非常了解并应该去解决的问题还不是你的问题。只有当你愿意去了解它,下决心去解决它的时候,它才真正地变成了你的问题,你也才真正有了解决问题的愿望。你卷进问题的深浅程度取决于你解决它的愿望的殷切程度,除非你有强烈的愿望,否则,要解出一个真正的难题的可能性非常小。"

解题过程要在理解教材的基础上独立地完成,不要抄袭和照搬;要有针对性,针对这些重点和难点来练习,因为老师最清楚重点和难点是什么,所以应该在老师的指导下完成,不要搞题海战术;要注意总结解题的方法,寻找解题的规律,以达到举一反三、触类旁通的效果。

提高解题的正确率

第二天学校要举行数学模拟考试。和许多家长一样,戴维的妈妈在家里督促孩子准备考试。

在戴维睡觉前,妈妈问他:"所有的概念都掌握了吗?"

戴维说:"书上所有的概念我都背下来了。要不我背给你听听!"

"题目都会做了?"妈妈还是不放心地问道。"都会了!课本上所有的例题、习题和老师课堂上讲过的一些练习题我都会做。就连参考书上的哪些难题,你给我讲了以后我都明白了。"

第二天戴维放心回家后,妈妈一见面就问:"今天考试考得怎么样?"

“不怎么样。”戴维无精打采的回答。

“是概念不明白?还是有的题不会做?”妈妈接着问道。

“概念部分没错,只是最后一道题我当时没有做出来。”戴维如实地告诉了妈妈。

“你昨天晚上不是说所有的题目都会做了吗?怎么会这样呢?”妈妈听了有点不高兴。戴维满脸委屈地说:“课本和参考书所有的例题、习题,还有老师在课上补充的题目我确实都会做。但是试卷上那道题我以前没有见过。考试的时候,我足足花了一刻钟的时间思考这道题,但就是没想出来怎么做。其实,那道题并不难,只要转换一下,就可以变成一个跟课本上的例题差不多的题目。但是我在考试的时候就是没有想出来。出了考场,经同学们一提醒我就明白了。”

“这说明你做的题目还是不多,今后还要多做题。”妈妈十分严肃地说。

戴维妈妈认为戴维出现这种“出了考场才知道题目应该怎么做”的现象是因为题目做得太少了。可能大多数家长也是这样认为的。所以,就买来大量的习题集,让孩子大量地做题。要是题目孩子不会,家长便反复讲给他听。但是,经过一段时间却发现根本没什么作用,像戴维的那种现象还是经常发生。这到底是为什么呢?

专家指出,要回答这个问题,首先要从解题本身说起。

孩子在考试时不是只考一些基础知识,还要考孩子的能力和速度。家长要想让孩子考出好成绩,就要让孩子提高速度和质量,在考试时可以合理有效地利用时间。

因此,在孩子复习时家长要严格要求孩子,让孩子尽量在答题时按考试的要求快速正确地做好,要让孩子对平时的练习高度重视起来。每个要考试的孩子,都会有做不完的复习题,孩子做的习题能帮孩子巩固知识,活跃解题思维、加快做题的速度。家长最好找些比较典型的试题让孩子做,看看孩子在规定的时间内能做多少,有多少错误。

对于孩子的模拟考试,家长也要给予一定的重视,家长要让孩子把模拟当成真考,严肃认真地对待,对于每道题都尽最快的速度答,就像在真正

的考场一样，迅速思考认真检查。此外，家长在平时就要训练孩子速度和正确性有机结合。在考试时时间太宝贵了，在时间上有了优势，因此，家长们必须让孩子用简便而灵活的方法，在有限的时间内做出尽可能多的题，但是要注意“快”必须要“准”。家长只要把孩子的每次练习都当成一场考试，日久天长，孩子答题的速度快了，答题的正确率也上来了，在考试时就可以轻车熟路地答完所有的试题了，你的孩子就不会因为紧张而影响成绩了。

儿童学习要培养理解能力吗

理解，指的是对任何一件事物的了解的能力，如平时常说：“老师讲的我都理解了。”理解、判断、推理能力的发展，都属于人类高级认识阶段的抽象逻辑思维的发展，在心理学中称之为理性认识过程。人类掌握知识的过程，必须在理解的前提下进行，而理解能力是在儿童时期逐渐培养和发展起来的。在对儿童的教育中，不断使儿童的理解、判断、推理能力与进行抽象思维的自觉性逐步发展起来，是儿童思维向高水平发展的重要标志，是儿童成年后能在各项社会活动中，在高层次的教学、研究、设计等岗位上进行创造性劳动必须俱备的心理条件和心理品质。

儿童在学习中，要掌握知识，首先必须是能理解所学的知识。理解能力，又是在经验水平和智力水平的基础上培养和发展起来的。在家里，父母要利用各种时机有意识地对孩子提出一些“为什么”，让孩子思考、动脑筋，去探索，养成从思考到理解、判断和推理的良好习惯，培养孩子的理解能力。在学校，老师必须要求儿童理解单词的意义、课文的内容等，而不要让学生对任何课程都死记硬背。最好的方法是多进行课堂提问，让儿童回答问题，通过这种方法对儿童的理解能力进行实际的锻炼。

可以用一些简单的方法来检验儿童的理解水平：最低的理解能力是把寓言和童话故事混为一谈，看不出寓言的意义和隐喻，理解不到寓言所包含的思想意义或教训；较高的理解水平是开始能看出寓言中的教训和意义，并能把它转移到人的身上，只是概括的范围较狭隘；最高的理解水平就

是立即能理解寓言的含义或隐喻，并能把抽象的教训意义转移到人。还可以从儿童对课文中人物的理解及其因果关系、矛盾关系以及算术应用题的意思等来考察儿童理解能力的发展水平。儿童理解能力的培养、锻炼和提高，主要是通过在学校学习各门课程来完成。因此，老师的教学质量与教学方法起着重要作用。

判断和推理是抽象逻辑思维中正确掌握概念、运用概念，组成恰当的结论，组成合乎逻辑的推理等不可缺少的。学龄初期儿童，在理解力不断增强的同时，抽象思维也逐渐形成与发展，判断、推理的过程也开始形成。但此时，儿童的判断、推理能力还很差，只有随着儿童不断掌握比较复杂的知识经验和语法结构以后，才能逐渐发展起来，因此，理解、判断、推理的能力和水平，不仅与智力水平的高低有关，也与受教育程度、掌握知识多少有密切关系。一般在小学三年级后，儿童才能比较独立地、有根据地、明确地论证一些事物。随着学习的深入，儿童所学知识逐渐积累和系统化，到四五年级儿童的逻辑思维能力才有进一步发展。在培养儿童判断、思维能力时，家长和老师都要注意儿童抽象逻辑思维形成与发展的规律。否则，在儿童尚未具备较为复杂的知识之前，硬性培养儿童的判断、推理能力，将会得到失败的结果。

确定解题的正确方法

解题的正确方法有以下几种。

(一)考虑必要调整

专家认为，解题过程并不是一成不变的机械的过程，一个好的解题者必须时刻关注着是否应该进行必要的调整。

比如，他会问自己：

“我是不是真正理解了题意?”特别是“我是不是真正情绪地认识到了目前的主要困难?能不能成功?”

“我盯住了目标吗?”特别是“我的解题途径能够彻底地解决问题吗?”

或者“它能够对解题过程起到一定的促进作用吗?”

“目前的解题途径真行得通吗?”特别是“辅助性问题的性质和最初问题一致吗?”

“有没有更好的解题的途径?”

“已经完成的工作中还有隐蔽的错误吗?特别是‘老毛病’有没有重犯呢?”

(二)尝试不同途径

即使答案已经通过了验证,你也要问自己:“能够用别的方法得到这个结果吗?”

尝试不同的途径可能会让你发现更简单的解题方法。

尤其是,它可以使你防止可能养成像心理定势、功能固着、结构僵化等太过依赖于经验的思维习惯。

(三)注意举一反三

解决一个问题以后,应该想一想,你的这种解题方法有没有普遍性,解决其他问题的时候,能否采取这种方法?

每一次成功解题得到的经验都十分宝贵,不要把一次解题局限在一次活动中,尝试着把现在的解题经验和过去的解题经验联系起来,找出一些具有普遍意义的东西。

记住那些给你留下了深刻印象的问题,仔细地分析你的解题途径。举一反三地运用,只要得到了一点,你也就学会了许多。

专家认为,一个好的解题者应该反复检验一个解题公式,会对这个公式更加深信。通过多角度地检验一个公式,这个公式的细节就有了新的含义,并且与不同的事实类型建立了联系。

有些复杂的问题,可能需要逐步地加以验证。通常,你所需要验证的,只是一些关键点。这个问题的关键点:你能够证明引入的阴影三角形是直角三角形吗?

试着把这个问题抽象化,你就会得到一个一般的问题,求出平行六面

体的对角线；把这个问题再典型化，你就会得到一个特殊的问题，运用勾股定理求出直角三角形的斜边；再把这个一般的问题继续抽象化，你就会得到一个更加一般的问题，求出多面体的对角线。

这样，通过解一道具体的几何问题，你就掌握了解这一类几何问题的方法。

所以，作为孩子，不能只局限于解决具体问题，必须从解决问题中获取具有普遍价值的东西，为“我”所用。

（四）验证答案

如果一次就能得出正确的答案，当然很好；可是，有时，也很难确保，因此，一定要验证答案。

通常可以按照原来解题的途径从头到尾做一遍，也可以从答案向前推，还可以采取一些快速并且直观的方法来验证答案。

警惕完成作业有始无终

宁宁已经是三年级的学生了，个子长得也高，俨然像个小大人。但是，他做作业却从来不认真、不细心。

宁宁完成作业的最后情景经常是这样的：

匆匆忙忙地、飞快地写完作业，不管对错，将铅笔往桌子上一扔，像脱离魔鬼一样，迅速地离开书桌，跑向电视机前或奔向门外。书桌上满摊着他的作业本、练习册、课本以及铅笔、橡皮擦。

通常是宁宁的妈妈，先将书桌整理好，把他的课本、铅笔盒等一一放入书包，然后再认真地将他的作业从头到尾检查一遍，用铅笔将错误的地方勾画出来（通常总会有错误，而且不会太少），再将孩子叫回来改正。

对于妈妈指出的错误，宁宁想都不想，也不问为什么错了，拿过来就改。时常，改过的作业还是错的。当他再被叫回来改错时，他就会不耐烦，大声嚷着问：“你说该怎么做？”

在这个例子中，我们不能说宁宁是独立完成作业的。“写完”作业并不

意味着作业完成。事实上,作业的检查是作业中的一项重要工作,而这项工作却由家长来承担了。孩子的任务似乎只是写作业,并不需要对作业的质量进行负责。整理书包是谁的工作?在这里也成了父母的。那么,孩子在学校时,这些工作由谁来做呢?当然只能由孩子自己来做。为什么在家里就由家长来承担呢?造成这种局面的责任在谁呢?

孩子的责任感和责任能力是通过锻炼形成的。锻炼则意味着由孩子自己去承担活动,并明晰活动目的,步骤以及要求等等。这种锻炼机会最初应当由家长来提供,并提出恰当的要求,加以正确的引导。孩子对于自己能够胜任的活动,或者是有挑战性的活动,总是乐意承担,并表现出高度的积极性。正是通过活动,孩子在能力、意志、意识等方面得到不断的提高和发展。

当孩子入学成为一名小学生时,随之而来的便有与学生角色相对应的角色行为。这些角色不仅使孩子有一种角色感,而且能更好地完成角色形象。孩子渴望成为一名学生。但是,父母剥夺了孩子成为一名完全学生的某些义务和权利。

父母可能通过以下方式逐渐使孩子放弃自己的权利和义务:

(1)指责孩子检查作业不认真,整理书包不整齐。于是,替孩子完成这类工作。

(2)出于关心,想让孩子有更多的活动时间,主动替孩子做这些工作。

第一种做法,使孩子对自己丧失信心。家长不是能干好吗?干脆由他们去做。逐渐,孩子将这些工作不再纳入自己的范围。第二种做法,没有把孩子当做学习的主人,没有使他意识到这些工作是他分内的事儿。无论哪种做法,最终结果是一致的。即造成孩子责任意识、责任能力的缺失,丧失了自主活动的信心和能力。

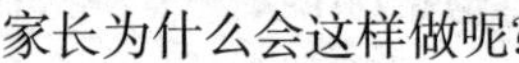

家长为什么会这样做呢?

究其根源,大致有六个方面:

(1)关注孩子的学习成绩,并且只对可测量的,能够表示孩子学习成绩的那些方面进行要求。

(2)家长为孩子提供一切“有利”条件,保证孩子能够有更多的时间用于“学习”上。

(3)对孩子的学习过分苛求,对孩子的各种表现总不满意。

(4)希望孩子在各个方面都出色,为父母争光。

(5)不知道孩子的学习是各方面相互促进,共同提高的。

(6)没有意识到知识学习只是孩子成长中很小的一部分,重要的是通过学习知识,学会从事其他活动的本领。

如我们的例子中所列举的那位家长,最终只能事与愿违:孩子对学习越来越不上心;作业越来越马虎;家长感到越来越力不从心;孩子越来越不听家长的话。

要纠正孩子完成作业有始无终,可以按以下步骤去做:

(1)提议孩子与家长一起检查作业。

(2)就某些问题让孩子说明是否正确,以及他自己的理由。

(3)逐渐表现出对孩子的教学内容不太熟悉的样子。

(4)对孩子作业中的错误,不要表达自己的修正意见,建议孩子自己重新思考。

(5)放手让孩子自己去检查作业。

至于整理书包,家长大可不必担心他会丢三落四。即使他可能忘了装一本书或忘了装橡皮擦,也不会太影响他的学习。而且,从此他会细心,认真地检查自己的每一样东西,就能够对自己的事认真负责。

用形象思维巧解数学应用题

数学应用题具有广泛的题材内容,并用精练的文字表达了数量之间的关系,对于有些孩子来说,一道应用题可能要比一篇语文课文还要难,尤其对于那些语言思维能力差,学习思维有困难的孩子在掌握具体数学术语及其他生活用语时更容易出现困难。同时,由于应用题的数量关系一般都有抽象性与隐蔽性的特点,所以很多孩子都感到应用题困难,鉴于孩子思维发展的形成性特点,克服这种困难的一种有效的方法是实行数与形的结

合，有计划地发展形象思维。

（一）利用具体实物

这一方法适用于低年级的孩子，由于他们思维发展的特点，这一年龄段的孩子如果不理解题的意义，那么多练习使用具体实物是很有帮助的，通过具体或半具体的实物帮助解题，不仅可以激发并维持他们解题的兴趣，同时还能够保留和应用数学概念，一举两得。

一天，妈妈给娜娜写这样一道应用题：篮子里有20个乒乓球，弟弟拿走2个，姐姐又拿出两个装有新球的盒子，每个盒子里有3个新球，把他们放到篮子里，问现在篮子里有多少个乒乓球？

娜娜看题之后，照着题目所说找来20个玻璃球，拿出2个来，再加入2次3个球，最后数一数篮子里的球，顺利地解决了问题，最后，在妈妈的指导下，把刚才的过程用式子表示出来，写出了等式20−2+3+3=24（个）。

最初的时候可以口头上给出一些简短的问题，让他们练习使用实物来解决（如果这些是能吃的东西，那孩子会乐意去解题），随着孩子能力的提高，当他们接触到书面题时，也可以使用实物，按照题目的表述操作从而形成这些的心理图像理解并解决问题。当然，在这一过程中也应注意培养孩子的抽象思维能力，譬如可以在解出题后趁热打铁地帮助孩子强化一下对这道题中所渗透的数学概念和数学方法的认识，切记不可让孩子养成依赖实物的习惯。

（二）利用画图

在小学中高年级以后就可以让孩子用画图的办法来解决应用题了，尤其是在他们不能在头脑中呈现整个题目的关系，或不能进行运算时，画图就是一个非常好的策略了。这样不仅可以清晰地呈现题目中各种数量的关系，还可以发展孩子的形象思维能力。前苏联教育家苏赫姆林斯基在谈到数学教学时，就要求学生“把应用题画出来”，具体地说，就是在练习本上，从中间分开，左边一半用来解答习题，右边一半用来画直观的示意图。他曾经说过：“如果哪一个学生学会了画应用题，那么，我就可以有把握地

说，他一定能学会解应用题。”

秦瑞是一个三年级的学生，她遇到这样一道题：在一个农场里，有3只母牛、2头猪和4只小鸡，请你算算这些动物一共有多少条腿，秦瑞在解决这道题时，先在脑子里思考了一下这些动物的样子，然后她画了一个草图来数这些动物的腿，这不失为一个好方法。

五年级的学生乔米遇到了“难题”：服装厂新进了900米布，要用来做孩子和成人服装，做孩子服装每件2米，做了200件，剩下的布全部用来做成人服装，刚好做了100件，那么成人服装每件需要多少米？

乔米百思不得其解成人服装与孩子服装的关系，后来妈妈教他用线段来表示整道题的意思。他一下子就明白了已知条件与所求问题的关系，并很快求出答案。

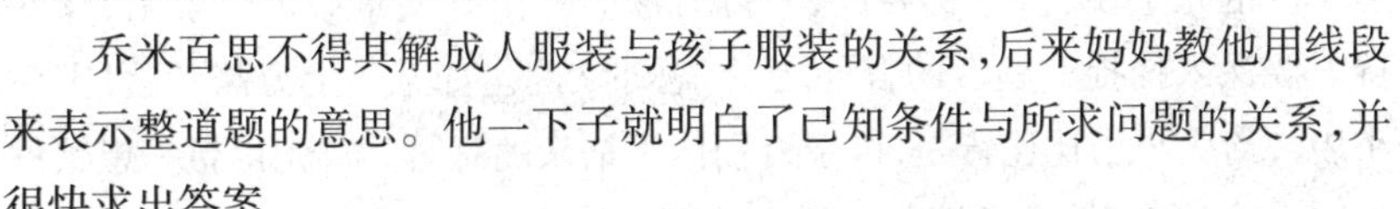

最开始的时候让孩子按题意画一些实物帮助解题，随着其抽象思维的发展，可以借助线段图或其他图形呈现题意。在画线段图的时候，要力求准确简明，以便观察思考，其实画图的过程，就是分析题意理解题意的过程，也正是探求解题方法的过程。

审作文题的好方法

审题，就是仔细审查和分析文题的意义和要求，以便按题目划定的范围、提出的具体要求去写。审题决定着文章的构思能否按照正确的方向展开。如果不认真审题、不依题立意，审题一旦失误，就会失之毫厘，谬之千里，就会离题、跑题，劳而无功。历届高考、中考作文卷因审题不当而降低档次甚至造成全盘皆错、全局皆输者不在少数。

广西的唐兆杰老师，在多年的教学实践中总结出审题八法，颇为实用。

(一)释词法

直接用词命题的文题，考生务必首先弄明白其最基本的含义，然后才能在此基础上引发联想和感受。例如1994年全国高考题《尝试》——就是尝一尝、试一试；就是试验、改革、革新；而决不能仅仅理解为“第一次”，否

则就会偏题。

再如《习惯》——就是积久养成的生活、学习方式，经常遵守的行为准则。《机遇》——就是机会，有利的境遇。《追求》——就是用积极的行动来争取达到某种目的和境界等等。像《追求》，理解了其基本含义后，进而则推想到道德、理想、情操、事业等方面的追求，再联系自己和社会的实际展开议论，就有事可议，有理可论，切中题旨。

(二开掘法

鲁迅先生说过，选材要严，开掘要深。写出好文章必须苦思索，深开掘。要深入捕捉命题者的言外之意，题外之隐。如某年上海高考题《街头小店》，街头小店比比皆是，可千万别信手拈来随意写。首先得想一想题目的内涵是什么，结合常识和生活经验不难悟出，“街头小店”题外还有若干隐含的要求：诸如地理方位、布局特点、经营品种、风格特色、时代氛围等等。

如果审题不细，考虑不周，挂一漏几，定挨扣分。名家大手笔往往能深掘底蕴，如巴金的《灯》，不仅写了眼前的“灯”，还写了联想中的“灯”。

(三)题眼法

所谓“题眼”，是指文题中借以立意的关键字眼。“眼”明而心亮，抓住了题眼，才能把握文章的重点，选准展开纹路的基点。题眼，有时体现在题目的逻辑重音上，如《我的报考志愿是怎样决定的》“怎样”便是题眼，文章重点应是对此作出回答。题眼有时体现在题目的修饰成分上，如《生活在幸福的时代》，题眼是“幸福”。《记我最尊敬的一位老师》，“尊敬的”是题眼，为什么值得尊敬，这便是作文的重点。

(四)还原法

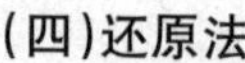

就是把出题者为防止猜题押题而故意设置的障碍扫除，还其庐山真面目。如有一高考题《画蛋》和《毁树容易种树难》，说穿了是对比喻论证的运用。只要将“画蛋”的基本功训练之重要推及到别的事情上即可。题面上看似烟遮雾罩，实际上是要求用到比喻论证。如果将《毁树容易种树难》稍

作变化:《谈人才问题——从〈毁树容易种树难〉谈起》,变化后意思与原题相同。

(五)辩证法

就是对文题所提出的话题进行辨证的思考。如某年高考文题,要求考生根据提供的材料,“就第一个小姑娘的说法”联系生活实际,自选角度,自拟题目,展开议论。第一个姑娘认为,玫瑰园是个坏地方,因为这里每朵花下面都有刺。这是以偏概全的说法,联系生活实际可以联想到:如看到一个人的缺点,就否定他的优点;看到一点短处,就否认他所有长处。这就违背了“寸有所长、尺有所短”,“金无足赤、人无完人”的古训。

再如,“光明中学办起了游泳训练班”,谈的便是“理论与实践”的哲理;《毁树容易种树难》谈的是“难与易”的辨证;《读〈画蛋〉有感》,谈的是“基础与提高”的话题。

(六)推敲法

就是对文题所提供的材料进行仔细的推敲,尤其要注意对那些隐含题旨的细节、词句、语段进行反复的斟酌的。如这样一道题:题目提供了一篇500字左右的小小说,要求写一篇记叙文,一篇议论文。要真正审清题意,阅读材料时,就得抓住“运动鞋”做错了事后“低着头走了”的细节,因为这为他回头清扫提供了可能,“公德心尚未泯灭”,要理解“红雨衣”“可能也意识到自己做得不妥……匆匆离开”的动作神情;琢磨“我”的“恍然大悟”的动作与神

态。从而透过字面钻入底蕴,把握主旨。

如果浮光掠影,望文生义,就有可能把“伞下的一对”批评为爱情至上者;“运动鞋”斥为浪荡儿;把“红雨衣”贬为复仇者,偏离了“中国人的公德心并未泯灭”的主旨。

(七)改写法

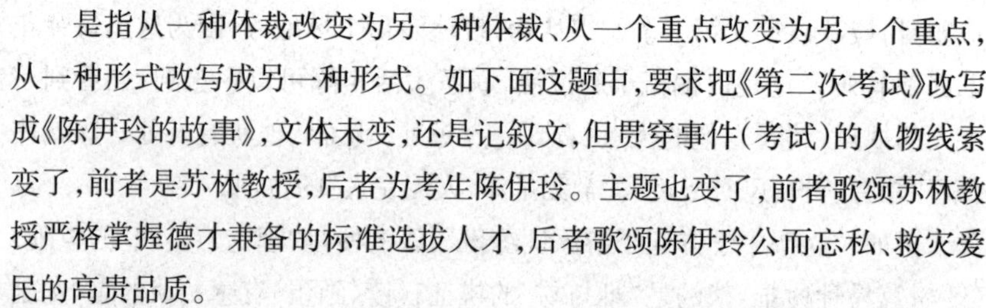

是指从一种体裁改变为另一种体裁、从一个重点改变为另一个重点,从一种形式改写成另一种形式。如下面这题中,要求把《第二次考试》改写成《陈伊玲的故事》,文体未变,还是记叙文,但贯穿事件(考试)的人物线索变了,前者是苏林教授,后者为考生陈伊玲。主题也变了,前者歌颂苏林教授严格掌握德才兼备的标准选拔人才,后者歌颂陈伊玲公而忘私、救灾爱民的高贵品质。

从表现人物和主题的需要出发,对所提供的素材就得重新剪裁和安排。如果写成缩写、摘要,就偏离了题意。

在某年的高考题中,要求考生仔细观察一幅漫画,写一段说明性文字,这是把图画改写成文字的表达形式。审题时要抓住这幅漫画的特征,注意画面的实质性内容,如事件、人物、神态和语言、及点题性的文字,用简洁的文字,平实的语言作介绍。有些考生写这个画面是在砌墙而不是挖井:一是观察画面过于粗心,二是没有注意分析点题文字“……换个地方挖”。

(八)综合法

就是对文题提供的材料及各项具体要求作全面的分析与审视。如下列的一次会考题。作文:

(1)以《手》为题,写一段描述性文字,字数控制在300字以内。要求:第一,“手”的描述的主体,对任务的有关情况(年龄、职业、身份、经历等)只作简要交代,不要设计故事情节;第二,描写的“手”应能体现人物的某种思想性格,并与人物的年龄、职业、经历等相符。

(2)根据下面的材料,结合自己的体会,自拟题目,写一篇议论文,字数不少于600字。

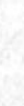

“开卷有益”是我国历代读书人的信条，对这一看法现在有了分歧。一种看法认为：“开卷有益”是有条件的，必须把反动、黄色之类的坏书排除在外；另一种看法则认为：有比较才有鉴别，不了解反动的、黄色的，怎能知道什么是进步的健康的?因此，“开卷有益”无需附带什么条件。

从评卷中发现，全面按照题意和所有要求作文的微乎其微。

大多数考生顾此失彼，抓不住题意，看到这点要求忘了那点要求。有些考生甚至连“300字以内”、“600字以上”也分不清楚，不予考虑。他们看不出“不到300字可以、超过300字要扣分”和“超过600字可以，达不到600字的要扣分”的言外之意；有些考生不把“手”作为主体来描写，而把主要篇幅用在叙述故事情节上，把描写性文字写成了记叙性文章；在议论中，有的偏执一端，不辨证思考。更有甚者，有的写成“二选一”白白丢了一题的分；有的搞猜题押题，猜不中也硬押上去，结果默背一篇与文题毫不相干的考文上来。凡此种种，都是审题失误所致。

八、记忆法

记忆力是人类生存与发展最基本的能力。依靠记忆,人类积累了知识;依靠记忆,我们学会了知识的吸收、运用和创新;应该说,在所有的智力活动中,记忆是最基本的智力活动。中小学生正处在身体成长与智力发育的非常时期,此时,培养与提高记忆力尤为重要。要学习和巩固任何一门学科的知识。拥有良好的记忆力就会事半功倍。提高记忆力是一个科学实践、循序渐进、有法可依的过程。只有掌握培养记忆力的科学方法,中小学生的学习才能变得轻松有趣,运用自如。

记忆力是孩子学习的必要基础

记忆是人脑对过去经验中发生过的事物的反映,是过去感知过的事物在人脑中留下的痕迹。记忆是智力活动的仓库。

记忆包括识记、保持、再认和重现。其中识记和保持属于"记"的方面,再认和重现属于"忆"的方面,识记是反复感知事物,获得印象,留下痕迹的过程,就是我们平时说的"记住"。保持则是把识记的材料进行加工、概括,储存它、掌握它,不至于遗忘,就是我们平时所说的"记牢"。

新版《辞海》中给"记忆"下的定义是:"对经历过的事物能够记住,并能在以后再现(或记忆),或在它重新呈现时能够再认识的过程。它包括识记、保持、再现或再认三个方面。识记,即识别和记住事物特点及其间的联系,它的生理基础为大脑皮层形成了相应的暂时神经联系;保持即暂时联系以痕迹的形式留存于脑中;再认或再现则为暂时联系的再活跃。通过识

记和保持可积累知识经验，通过再现或再认可恢复过去的知识经验。各人记忆的快慢、准确、牢固和灵活程度，可能随其记忆的目的任务、对记忆所采取的态度和方法而异；各人记忆的内容则随其观点、兴趣、生活而转移，对同一事物的记忆，各人所牢记的广度和深度也往往不同。”

记忆，顾名思义，先有“记”，而后有“忆”。识记和保持就是“记”，再认或再现就是“忆”。“记”是“忆”的前提，没有“记”绝不会“忆”；“忆”是“记”的验证，“忆”不出来或不准确就是“记”得不好。所以，记忆是个“记”与“忆”彼此紧密联系的完整的心理过程。

没有记忆，人就无法学习和生活，一个人失去记忆就是个不认人、不识物、不懂事的傻子。记忆对青少年尤为重要。青少年需要依靠记忆汲取知识、运用知识。没有对学过的知识的记忆就无法积累知识，也很难学懂新知识。因为青少年所学的知识都是系统的、有联系的，对前面所学的概念、公式、定理、法则没记住，后面的知识就很难理解和掌握，从这一点说，理解和记忆是相辅相成的，记忆要在理解的基础上进行，反过来没有对旧知识的记忆也很难理解新知识。因此可以说记忆也是理解的基础。

素质教育专家认为，中学生的学习任务非常繁重，在中学生这一思维锻炼与知识丰富的非常时期中，记忆力的培养与提高更显得极为重要。专家强调，记忆力是中学学习的一个十分必需和必要的基础，要想学好和巩固任何一门学科的知识，没有良好的记忆力为基础都是无法实现的。专家们认为：

(1)记忆力是中学学习必不可缺的基本功。

每当考试之后，总会听到中学生中有同学发出这样不同的议论“真不争气，我怎么也想不起来从前学过的东西了，总是记住前面的忘了后面的。”“真幸运，这些题的内容我几乎可以倒背如流了。”这两个同学的成绩从中可想而知了。

为什么条件差不多的同龄人，只是因为记忆力的水平不同就会出现如此大的反差呢?

我们知道，没有记忆，人就无法学习和生活。同学们在学习中所讲的

"记住",就是对已经学习过的知识反复感知、获得印象,并留下痕迹的过程。这样,我们对记忆力突出考试成绩也突出的事实也就不难理解了。

记忆对中学学习是非常重要的。中学生需要依靠记忆汲取知识、运用知识。没有对学过的知识的记忆,或者记忆不牢固、不深刻就无法积累知识,也很难学懂新知识,这对提升学习成绩是极为不利的。中学生所学的知识都是系统的、有联系的,对前面所学的概念、公式、定理、法则没记住,后面的知识就很难理解和掌握,因此可以这样说,记忆力是中学生最重要的基本功。

(2)提高记忆力有益锻炼意志品质。

中学学习,课程多、进度快、难度逐渐加大,知识量日益增多,没有良好记忆力为基础支撑,是很难取得较好的学习成绩的。按照人类智力发展规律看,任何人的记忆力都不是天生的,记忆能力只有通过培养和训练才能产生与提升。这就需要有一个过程,中学生只要依照科学的方法,循序渐进有针对性地坚持下去,不仅可以取得学习成绩上满意的结果,还可以锻炼有益的意志品质。

需要指出的是,在培养和提高记忆力的过程中要注意这样两个问题:一是不要急于求成。在学习过程中,要按照思维发展的本质与规律培养自己的记忆能力;二是更要勤于动手、勤于动脑,日积月累,功到自然成。

(3)有针对性地培养记忆力对提高成绩大有帮助。

由于每个人的自身条件、成长环境不同,各人记忆的快慢、准确、牢固和灵活程度也不相同。实际上,每个中学生都有自己特有的记忆类型,或是视觉型、或是运动型、或是混合型等等。这些不同的个性特点,会使不同的中学生随其记忆的目的任务、对记忆所采取的态度和方法各异。中学生记忆的内容会随着个人观点、思维方式、学习兴趣、生活经验而转移,对同一学习内容的记忆,各人所牢记的广度和深度也往往不同。这些已被实践所证明。

根据个人记忆的不同特点,在记忆力训练中,有针对性地选择训练方法,选择进度与难度,选择类型和特长,使之形成"记"与"忆"彼此密切联系

的完整的心理过程，这对快速提升自己的学习成绩绝对是有帮助的。

可见，记忆力与中学学习关系密切，意义重大，掌握有助于提高成绩的记忆学习方法，会对每个中学生的学习及人生成长都有特殊重要作用。

记忆力的培养有助于孩子的知识积累

记忆力是一种十分重要的能力，它可以通过努力不断得到发展与提高，记忆力好的孩子大多善于说话、乐于表达，具有较强的语言表达能力，培养孩子的记忆力是至关重要的。

记忆力对一个人来讲是十分重要的，有人讲："一个人的聪明与否，取决于记忆力的优劣。"也有人认为："一个人的聪明才智主要取决于他的思考力、创造力、注意力及应用能力。"这两种说法各有道理，但都不全面。成功学家认为，思考力、创造力、注意力及应用能力固然不可或缺，但是，只有在较强记忆力的先决条件下，其他能力才有存在的意义和基础。俄国著名的生物学家谢切诺夫曾说过，一切智慧的根源都在于记忆，记忆是"整个心理生活的基本条件"。的确如此，记忆是积累知识和经验的基本手段，离开了记忆，人类的智力活动也就无从谈起了。

记忆是人对过去感知过的事物和语言的再认和再现，人的一切知识都可认为是由记忆过程保持的。

现代心理学对记忆是这样定义的："从现代知识信息论观点看，记忆是一个对输入的信息进行编码（组织）、储存，并在一定条件下（检索）的过程。记忆不仅是人的心理发展的基础，而且是人类社会进行正常活动的必要前提。依靠记忆，人得以有效地适应并改造自然和社会环境。"对于单独的个体来说，记忆则是人们学习、掌握知识的基础，古今中外记忆力超常的大有人在。据我国达特劳斯学院家庭教育研究中心对超常儿童的调查，得出这样的结论：超常儿童记忆优异，表现为记忆快、保持持久。

一般的，神童在记忆方面要超出同龄儿童的水平。他们记忆力特别强：2岁左右单词教2~3遍就能记住。有的幼儿瞬时记忆能超过9位数字。有的9岁儿童半天能记住160个陌生单词。

要激活孩子的记忆潜能，父母就必须全面发展孩子的各种内容的记忆，不但要有强的形象记忆，还要有强的语言、文字和情感记忆。记忆是孩子智力潜能开发过程中的重要手段。

大脑也像其他人体器官一样遵循“用进废退”的规律。根据近代脑科学的研究，人脑约有10亿个高度发达的神经细胞组成，可储存的信息竟是电子计算机的100万倍，而且人大脑的功能只开发了1/10。由此可见，人的智力潜能是无穷的。虽然人们常常羡慕神童的超人记忆，其实与其说他们的记忆力强还不如说他们记忆有术。当科学家全身心地投入到科学研究中去的时候，他们可以忘记周围的一切，甚至连自己的家庭住址都记不起来了，而此时此刻也正是他们出成果的关键时刻。据说牛顿就常常由于热衷于思考数学问题，而忘了朋友的委托，甚至连自己是否用过餐都不知道。也正是由于达到了这种痴迷的程度，牛顿才成了伟大的科学家。

与成年时期相比，孩子时期记忆能力的发展是非常惊人的。幼儿在一年时间内所记住的内容，如果让成人来记，大约需要50年的时间；大多数人成年后都不如幼儿时期记忆力好。所以，开发掌握孩子记忆黄金期尤其重要！

记忆的四种类型

大体上，每个人都有自己特有的记忆类型，这些类型包括：视觉型、听觉型、运动型、混合型等。

(1)视觉型记忆。这是借助视觉来记忆事物的类型。在同样的视觉记忆中，有的人对形状的印象深，有的人对颜色的印象深。在让人看许多红色的正方形和蓝色的圆形时，有人借助红色和蓝色的颜色来记，有人则通过正方形和圆形这类形状来记，记忆方式各不相同。

(2)听觉型记忆。这种类型的人能很好地记住耳朵听到的内容。有些人的音乐感非常强，有很强的节奏感和旋律感，对于这些内容很容易记住。例如，常有这样的人，英语很不好，却能附和爵士音乐的节律，很容易地记住英语歌词。而盲人普遍具有非常发达的听觉记忆能力，更是众所周知的

现象。

听觉记忆能力可以通过训练产生。例如,电话接线员能分清很多不同人的声音。工厂的机械工人借助锤子敲打机器声音,判断机器的有无故障。这些能力就不是天生的。

(3)运动型记忆。这是通过动作来记忆事物的类型。这类人的手很灵巧,做过的各种体育动作或艺术技巧都能马上记住。运动型记忆的特点在于:它是通过整个身体运动器官的活动来记忆的,一旦记住就很难忘掉。像游戏、滑雪、骑自行车等动作,一旦记住便终生难忘。

(4)混合型记忆。混合型是指视觉型、听觉型、运动型这三种类型的混合体。但是,这一类型是不平衡的,大都偏向于某一种类型。即使是视觉性强的人,也不仅要用眼看,还要用嘴读、用耳听、用手写,以构成立体的印象。

为什么英语单词本身比它的意义容易忘记呢?原因之一就是在学习单词时,大都只使用一种感觉——视觉。如果能通过多种感觉来进行记忆,也许就记得更牢。

用奇特记忆训练来增强孩子的记忆兴趣

记忆,当我们把它作为一件苦事时,就不会有理想的记忆效果;当我们化苦为乐,以记忆为乐趣时,记忆才能出现高效率。如果孩子对记忆有了探索的兴趣、琢磨的兴趣、提高的兴趣、那么,孩子的观察和记忆能力就会成倍地提高和增加。

对孩子来说,不论做什么事,兴趣能带来快乐的感受是他们的一种动力。记忆也是一样,只要使他们对此产生兴趣,那便不再是一件十分困难的事了。说起来,现在讲记忆的方法很多,但在这些方法中,真正能够使孩子产生兴趣,从而积极主动去进行记忆的方法并不多。下面介绍一种特殊的记忆训练方法——形象奇特化记忆法。

形象奇特化记忆训练,就是对一向比较一般化的现象事物进行奇特化想象的一种训练。通过奇特化训练,可以把一般形象变成特殊形象,在头

脑里产生较强的记忆刺激信号，从而达到增强记忆的目的。奇特化想象固然要求随心所欲，充分发挥想象力，但也不是听任烈马脱缰、纵横驰骋。

(1)动态法。动态法就是使静态事物“动”起来的想象方法。动态事物比静态事物容易吸引人，这是心理学揭示的一个奥秘。人们愿意看电影而不愿意看幻灯，儿童喜欢电动玩具而厌烦“古董”式普通玩具，霓虹灯的动态广告比静态广告更令人赏心悦目，都说明了这个道理。要记住“鸟”这个字，栖息枝头的物象就不如振翅惊飞的物象深刻。要记住“虎”这个字，卧伏酣睡的物象就远不如张牙舞爪的物象清晰。运用这种说法时，不必顾及物象是否会动。要让自然界的静物统统动起来。如记“大山、桌子、火炭”，可以想象大山飞移过来，一下子压在眼前的桌子上，把桌子压成了火炭。这样会在大脑中留下强烈的印象。运用动态法应该注意，凡是能动的事物，其动作最好恢复常态，否则容易混淆。还应该注意，必须动静相间，松紧有致。否则都“动”起来了，反而影响效果。

(2)代用法。代用法就是利用甲事物取代乙事物的想象方法。甲乙之间的联想是记忆过程中非常重要的环节，如果把甲事物变成乙事物的组成部分，或乙事物变成甲事物的组成部分，记忆效果就相当好。如记“皮球、火车、算盘”，可以想象皮球代替火车轮子的飞转，而火车行驶在算盘式的轨道上；记“蚕蛹、机枪、大米”，可以想象把蚕蛹当子弹塞进了机枪里，机枪里打出了一粒粒大米。运用代用法时应该注意，甲乙事物的代替是有条件的，两者最好在形状、音响效果、质料等方面有相似之处。忽视了这一点，代用法就难以收到最佳效果。

特征记忆法

所谓特征记忆法，就是抓住学习材料的独有特征来记的一种记忆方法，共性中的个性就是特征，它可以刺激大脑产生幸福，使大脑皮层形成一个兴奋灶，留下鲜明的印象。

抓住特征进行记忆是一种很有效的记忆方法。

如何抓特征呢？只要你对要记的材料认真地作观察、动脑思考、分析、

发掘，记忆材料的特征就会显露出来。比如汉字“己、已、巳”，“拆、折、柝、析”，只要抓住封口不封口，多一点，少一点，点横撇之差的特征，就容易进行记忆了。记“买、卖”二字，可想到“一盖扣火”的特征来记。再如“良、郎、朗、琅、狼、稂”与“很、狠、痕、恳、跟、根”两组字，只要抓住前一组韵母都是ang，后一组韵母都是en；ang韵有点，en韵无点的特点，就不会记错写错了。

一些地名、年代、元素符号、数理化中的一些常数，也可以找出它本身的特征进行记忆。下面以记历史年代为例：

383年淝水之战

特征：以8为轴，两端数字为3

646年日本大化革新

特征：以4为轴，两端数字为6

676年新罗统一朝鲜

特征：以7为轴，两端数字为6

1234年蒙古灭金

特征：连续自然数

1661年郑成功收复台湾

特征：从中间划开，两边对称

1777年美国内战中萨拉托加战役

特征：后三位数字都是7

1818年马克思诞生

特征：18的重复

1881年《中俄伊犁条约》签订

特征：从中间划开，两边对称

1888年英国侵略西藏

特征：后三位数字相同

1919年“五四”运动

特征：19的重复

总的说来，学习、记忆新材料或新事物的时候，要先下一番发掘的功

夫，将其特征寻找出来，有些材料或事物相互区别出来，有些材料或事物相互区别不很明显，找起来也并不容易。但只要仔细观察，细致对比，深刻分析不同情况下的异同，总能找出要记忆材料或事物的特征的。

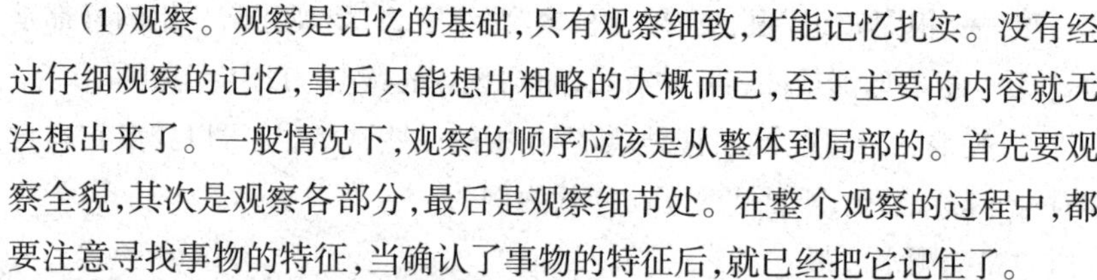

(1)观察。观察是记忆的基础，只有观察细致，才能记忆扎实。没有经过仔细观察的记忆，事后只能想出粗略的大概而已，至于主要的内容就无法想出来了。一般情况下，观察的顺序应该是从整体到局部的。首先要观察全貌，其次是观察各部分，最后是观察细节处。在整个观察的过程中，都要注意寻找事物的特征，当确认了事物的特征后，就已经把它记住了。

(2)辨别。很多识记对象极其相似，容易混淆，只有认真辨别，同中求异，才能找出识记对象的特征。在记忆时，有些事物的特征非常明显，一目了然，有些则需下一定功夫才能辨别出来，不过，经过认真辨别后抓住的特征，是难以遗忘的。

(3)发掘。有些识记对象的本身并没有什么特征，怎么办呢?那我们就可以人为地赋予它一个特征——发掘。如英语单词eye(眼睛)，只要想象y是英国人的勾鼻子，两个e是两只眼睛，就永远也不会忘记了。

观察、辨别、发掘，将会撩开事物的面纱，显露其独具的个性特征。如果你能经常从寻找特征的角度去观察、去记忆，将会收到惊人的记忆效果。

浓缩记忆法

考试前，不少孩子都懂得应把重点“过”一遍。如果逐字逐句地去“过”，效率太低，浪费太多。为此，朱龙根老师创立了浓缩记忆法。所谓浓缩记忆法，就是把要“过”的内容高度浓缩，看见一个字、一个词，便可迅速回忆起全部内容。从而大大提高效率，节省时间。具体说，有以下几种方法。

(一)内容浓缩法

就是根据材料主干，将其内容的精华和核心进行高度压缩或分解，用最简单、最本质、最概括的文字表达出来。如复习中国古代史的井田制，可

将其内容浓缩为:“国王所有,诸侯享用,奴隶耕作,形似‘井’字”。或者进一步浓缩为:“王有、侯用、奴耕、井形”。这样记忆的好处是在需要回忆这段内容时,只要的请在每段话上“添枝加叶”就可以了。内容浓缩法需要积极地思维和辛勤地筛选,只有这样,才能把精华提炼出来。在浓缩的过程中,删繁就简,择精选粹,使知识在数量上大幅度减少,在质量上成倍增长,显著地提高记忆效率。如北魏孝文帝改革,其主要内容是:颁布均用令;接受汉族的先进文化,另鲜卑贵族采用汉姓、穿汉服、讲汉话,与汉族通婚;迁都洛阳并采用汉族统治阶段的制度。可浓缩为“一均、二化、三迁治”。这样读起来顺口,记起来便当,需要回忆时再逐一添上内容就行了。

(二)字头浓缩法

就是将每句话、短语或词的字头提出并按顺序串联起来进行记忆。字头浓缩法在记忆中形成知识结果的整体缩影,特别在记忆较多的人名、地名时能发挥良好的效果。如记忆丝绸之路中几个地名,可将长安、河西走廊、新疆、安息、西亚、大秦等提取为:“长河新,安西大”。再如,中国民族资产阶级革命团体的建立,其主要领导人——兴中会的孙中山,华兴会的黄兴,光复会的蔡元培,日知会的刘静庵,可浓缩记成;“兴华光日、孙黄蔡刘”。

字头浓缩法简单易学,方便好用,既提高兴趣,又便于记忆。所以在运用中应不拘一格地发挥它的作用。

(三)口诀浓缩法

就是以整齐押韵的句式概括出所要记忆的内容,形式上近于顺口溜,内容上极其概括,然后实行强化记忆。应用时根据口诀进行联想展开,达到准确全面记忆的目的。如红军长征四次会师可编成口诀:“56一四懋,510一陕吴;66二四甘,610三会宁(每句5个字,分别代表年份、月份、部队番号及会师地点)”。口诀浓缩法简单有趣,但是在开始时需要动一番脑筋,把识记材料编成生动有趣甚至有韵味的口诀,这是要下点工夫的,不过,一经编好,便终生难忘。如世界古代史三大改革,可编成口诀。公元前

6世纪波斯大流士改革内容：

"帝国分廿郡，每年纳金银；币制统一化，驿道通四都"。公元前594年雅典梭伦改革内容："取消债务废奴隶，民分四等享顺利"。

朱老师最后指出，应用这一方法应该注意的两点：第一，浓缩不是万能的，不能盲目运用，一定要在理解、熟悉内容的基础上加以浓缩，方有良好效果（否则不加理解地乱记一气，可能光记住浓缩的东西了，却想不起"原汁"了）。第二，浓缩前要考虑所浓缩的内容是否属于必须掌握的重点内容和基本内容，如将次要内容或本身就很简单的内容加以浓缩来记忆，无异于舍本逐末，就无法体现浓缩的"刀刃"作用了。

形象记忆法

所谓形象记忆法，就是直接对客观事物的形状、大小、体积、颜色、声音、气味、滋味、软硬、温热等具体形象和外貌进行记忆的方法。

在形象记忆中占有重要地位的是表象。所谓表象是指人头脑里所保持的关于客观事物的影像。过去感知的事物在回忆时，多数是以表象的形式出现的。表象的基本特征有两个：一是形象性；二是概括性。

形象的显著特点是具有直观、鲜明、稳定和整体感及概括性，它能给人深刻的印象，能够帮助人进行联想，触景生情，引发人的情绪色彩。通过联想还可能产生跳跃式的想象，这种想象不受空间、时间、逻辑限制。所以说，借助形象来记忆事物能够增强记忆的效果。

研究表明，直观形象的材料比枯燥抽象的材料容易记得多，这也是记忆活动的一条规律。

形象记忆的基本技巧是借助于鲜明的形象进行丰富的想象和联想，使之达到增强记忆效果的作用。其实质就是，不仅要把具体的记忆材料形象化，而且还要把抽象的难记的材料形象化，以增强记忆效果。例如：要记忆鸡、鸭、牛、羊、房子等具体名词时，如果在脑子中仅出现这些名词的汉字，记忆印象不如出现这些具体事物的形象容易记住。又如将人名与人的外貌特征结合起来容易记。这就是说具体名词形象化记忆效果好，而那些抽

象名词,如爱国、科学、幸福等,没有直接形象,要想使之形象化,那就要靠想象力,人为地赋予某些形象,如将爱国与爱国的英雄人物联系起来记,岳飞是个精忠报国的英雄,一想起岳飞就想起爱国这一抽象名词。将幸福与幸福的家庭生活联系起来,科学与家用电器发展联系起来,就是说将没有直接形象的抽象名词,借助想象或联想,人为地赋予它们形象,使其形象化就好记了。这些都是形象记忆法的基本要求和做法。

在形象记忆法中,还可以细分一些具体方法。

(1)形象比喻。用自己所学的东西比喻记忆的材料,记忆起来生动直观,效果好。如,中国地形图像只大公鸡,某某地方在鸡头,某某地方在鸡尾,这样就好记多了。又如,某人爱说,人们就称他"乌鸦嘴";某人瘦得可怜,比喻为"电线杆";某人头脑灵活就比喻为"猴精"等等。特别是语文课文中这方面的例子很多。

(2)形象描写。把一般材料,特别是对抽象材料加以生动描绘说明,就好记多了。特别是语文课文中这方面的例子很多。

(3)形象图解。我们都知道,冗长繁琐的文字材料或数字材料不易记忆,但如果对它们加以组织处理,用图形、图表、图画、网络图、树形图或实物、模型、标本等具有空间形状特点的图表示,使记忆材料由繁到简,由抽象到具体,可大大提高记忆效果。

在运用形象记忆法时,应注意以下两点:

(1)平时多观察各类事物,在头脑中积累丰富的表象,为形象记忆打下良好的基础。

(2)在运用图表模式表达事物时,要自己动手制作,才能印象深刻。

清仓记忆法

遗忘有个规律叫先快后慢,也就是说学过的知识前几天不复习忘得最快。心理学家研究,学生在识记材料之后前7天内遗忘最快,一周之后遗忘就缓慢下来了。因此当天功课要当天复习,这样就不容易遗忘。学生要进行课后复习、周末复习、单元复习和总复习,只有反复强化,才能牢记不忘。

这就是清仓记忆法。清仓记忆法是把大脑比喻为仓库，学习的东西比做粮食。仓库必须及时清理，否则粮食就要腐烂，学习知识也是一样，要及时清理，防止知识混淆。因此，学完知识要及时记忆，不要积累到期末再突出记忆。“今日事，今日毕”是说，今日的事情今日完成，当日的问题当日解决，当天的知识当天掌握，不要以为还有明天、后天……

有些学生不重视及时记忆，他们认为刚学的还没忘呢，记什么，可等忘了再复习就困难了，所以，学生对所学的知识必须及时强化、反复强化，使记忆的“大楼”牢而又牢。

所谓清仓记忆法，既通过“及时”记忆记住了知识，又按“先短后长时间间隔”巩固了知识，是一种效果突出的记忆方法。

清仓记忆法的步骤是：

(1)天天清。当天学的知识，一定在当天及时复习，决不拖到第二天。遗忘的规律告诉我们，当天不复习第二天就会忘掉64%，所以当天功课一定要当天复习。

(2)周周清。每周所学的知识，一定要在周末复习巩固，决不要把每周所学的知识拖到下周去复习和记忆，更不能把几周的知识堆到考前一起复习记忆。因为遗忘规律告诉我们，一周之内遗忘的比例最大。

(3)单元清。每个单元所学的内容，一定要在该单元学完后及时小结归纳，认真地复习记忆，这样才能使一章的知识形成网络，牢固记忆。如果等到期末总算账，就容易混淆。

(4)逐册清。即每学完一册课本，应充分利用寒暑假按知识系统总结归纳，及时复习和记忆，决不要堆到毕业考试

或升学考试才一起复习和记忆。

使用清仓记忆法应注意:清仓,是相对说的。一时很难全记住,可以以后再清仓记忆。当不必每次都把以前学习过的彻底清仓,凡是第一次或第二次清仓已牢牢记住的,后面的清仓时就可以省略,不必每次都把过去的重记一遍。

抗干扰快速记忆法

在喧闹的环境下一分钟记50位左右无规律的数字,听记60句互不关联的句子,在记忆中能达到一心两用(即在外界喧闹的环境中同时发生阅读书报并记忆十位数字和词组),而且遗忘速度大大慢于传统记忆方法,这可能吗?可能!创造这一奇迹的,就是荣获吉尼斯之最证书的倪新威创立的"抗干扰快速记忆法"。

倪新威凭借他的这套记忆法,办起了北京第一家快速记忆素质学校,并正式开课。

倪新威先生是四川人,曾教过多年书。他的那套记忆法是他当年考研究生时"逼"出来的。当时,他的妻子正生孩子,时间紧事情多,于是想"招"强化记忆效果。就靠这个,他考上了研究生。后来,他觉得这套办法在日常生活中也很实用,便把它系统化了。

近两年,倪新威带着他的"抗干扰快速记忆法"走遍了四川、海南、上海、山西等地,每到一地,倪新威总是大受欢迎,人们既对他的现场演示感到不可思议,又希望自己通过学习可以达到和他一样的水平。

心理学研究表明,干扰是造成遗忘的重要原因,在人们的记忆过程中,只要经过18秒钟的干扰,人们的遗忘率就可能高达90%以上。因此,如何解决干扰的问题,是一个世界性的难题,美国科研人员从20世纪50年代起就开始研究这一课题,但至今仍没有重大突破。而这似乎也正是人们对倪氏"抗干扰快速记忆法"青睐有加的原因。

说起记忆的方法,不外乎机械记忆、形象记忆、联想记忆与意义记忆等,但传统方法一贯强调用脑时精力要集中,周围环境也要相对安静,而这

在现实中往往是很难做到的。倪新威则认为，运动员在带球的过程中可以眼观六路，判断敌友的位置；驾驶员可以在瞬间了解各种仪表的变化；还有可以双手同时书写不同的文字，两眼同时阅读不同的文章，这些都说明人类完全可以做到“一心二用”，因而也就可以在干扰中实现快速记忆、处理、存储信息。正是在这样的认识基础上，倪新威广泛涉猎了脑科学、符号学、认知心理学、记忆心理学等，用了8年的时间研究、摸索，终于在1994年创立了他的“抗干扰快速记忆法”。

人们对倪新威的演示往往感到很“玄妙”，而一旦了解了这种方法的实质，又觉得其实也很简单。所谓“抗干扰快速记忆法”也与以往的记忆术一样是建立在联想、想象、图形及谐音等基本方法上。只是更加系统、更加科学化了。比如记长串数字时，他仍把既无意义又枯燥难记的数字分组编码，再转化为有意义、语义新奇有趣的中文句子，如将“128615”转化为“婴儿穿着八路军的衣服”，简单易记。

那么，抗干扰快速记忆法对中、小学生有无帮助呢?有，而且帮助非常大。倪新威先生曾专门发表文章，寄语孩子们：掌握学习方法十分重要。而抗干扰快速记忆术就是一种重要的学习方法，他说：“在日常生活中常常听到许多家长抱怨孩子成绩不尽如人意，想尽了许多办法又请家教又上补习班，结果花了大量精力效果也不是很好。事实上造成孩子成绩不理想的原因主要还是学习方法不好，学习能力不强。人们平时学习只注重“战术问题”——花多少时间去背单词、公式、性质、课文；每天做几十个题。而绝大多数同学忽视“战术问题”——从未花时间去研究“采用什么方法去记忆，怎样记忆效果更佳，如何用最短的时间达到最佳的学习效果，如何提高素质。”

记忆是人类学习的一项基础能力，记忆是智力的构成因素之一，记忆力的好坏对学习有直接影响，在记忆过程中，多数同学采用“不断重复”的方法来记忆，这样做既苦又累而且不易达到效果，事实上许多材料不采用重复方法而采用联想效果反而好得多。联想是人们由一件事想到另外一件事的一种心理活动，记忆的原理是联想，将要记忆的材料与已有的知识

充分联系起来。联想不仅有助于记忆，而且对各门学科的学习有直接的益处。常用的联想有对应联想、串联联想，比如语文中生字的读音，意义解释均可利用对应联想来记忆。

化学元素符号记忆钾—K（联想到家里来了客人），钠—Na（钠读音Na联想起来）。

英语单词car的意思是小汽车，借助car我们很容易记住cart马车。

除了对应联想以外，串联联想在学科中也有许多的应用，比如化学中元素周期表，金属元素的活动性。对于不溶于水的物质碳酸钡、碳酸钙、碳酸锰、碳酸锌、碳酸亚铁、碳酸铜、碳酸银若采用串联联想就很容易记住（串联联想钡、钙、锰、锌、亚铁、铜、银——联想成"被盖"厚了做"梦"、"醒"了，看身上"压铁铜"里面装满了"银"子）。

在记忆中若充分地运用联想，就会使我们记忆变得轻松多了。

学习中好的学习方法往往可以起到事半功倍的作用，但是只有方法而没有能力也是不行的，好比有了一辆自行车而不知道怎么骑那样，发挥不了自行车的优势。针对学习中所需要的各种能力，未经训练的人一分钟很难书写阿拉伯数字85以上，多数在70以下。人们的记忆能力也是可以训练的。

在北京最早组织起培训班的142名同学中，快速记忆法不仅帮助同学们提高了记忆和思维能力，而且提高了他们的学习兴趣。在1996年4月份初二年级的数学月考中，经过培训的某班学生及格率提高了95.12%，优秀率达到了48.78%，有一位经常不及格的同学破天荒得了100分。

尽管倪氏"抗干扰快速记忆法"仅需两天就可以学会，但倪新威先生却强调大量而刻苦的课后练习是必不可少的。还别说掌握得不够熟练，即便是倪新威先生本人，如果对信息不做特殊处理，生活中的他也有爱忘事的时候，被搁置了几年的英语就已经忘得差不多了。

中国科学院心理学研究所的王极胜教授提醒人们说，一个人的记忆力不经过长年的认真训练，不掌握科学方法，光靠一些窍门，是不会真正提高的。

作为学员家长的熊先生，在和孩子一起学习了“抗干扰快速记忆法”后总结说：“许多初学者往往只注意到这种方法简单易学，却忽视了大量地、随时地刻苦训练，很有可能浅尝辄止，功亏一篑，这对快速记忆法的推广是很不利的。”

北京某中学校长丁尔庆先生在肯定了“抗干扰快速记忆法”的科学性后也说：“它绝不是什么灵丹妙药，学生自己要不断消化、吸收，再加上持之以恒地训练，才有可能熟练地掌握。”

其实说到底，任何记忆方法都不过的一种技巧，每个人都有自己的记忆小窍门，只不过不如倪新威的方法系统、完善而已。倪新威自己也说：“任何人掌握了这种方法，长期刻苦训练后，就可以达到甚至超过我的水平。”由此可见，快速记忆并非是什么特异功能。

让孩子充分理解材料的内容

孩子的记忆活动中，材料记忆占主要的地位。许多知识是被孩子机械地记忆住，但是孩子并不理解其含义，仅是能复述而已，更谈不上应用这些知识了。

机械识记在少儿期是正常的，但是孩子需要尽早过渡到意义识记，否则不但影响记忆力的发展，而且影响思维能力的发展。例如，许多孩子因为从小未得到必要的指导，在小学甚至到了高中仍旧是以机械识记为主，对数理化的一些原理仅是记住了说法，并不理解其含义，结果毫无用处。

因此，当家长指导孩子记忆一些有意义的材料时，要尽可能地让孩子理解其内容，如教孩子背诵诗词，要向孩子讲解诗词每句的含义。对于孩子尚不能理解的，可以暂时不教。理解材料的内容，不但有利于记忆，更重要的是能够发展孩子的思维能力，使孩子理解与分析能力得到发展。

有这样一个实验：让孩子用相同的时间，识记两篇字数相同的故事。一篇是孩子能理解的内容，另一篇则含义较深，孩子很难理解。结果发现，孩子对能理解的故事记住了90%而对不能理解的那篇故事仅记住了25%左右，相差3倍多。

有些家长一般仅注意孩子是否记住了材料,而不太注意孩子是否能理解内容,这仅做到了一半。家长要尽可能在识记过程中指导孩子理解材料,并在此基础上记忆。

美国心理学家爱洛斯做了一个实验,实验证明识记12个无意义音节,需要165次才能背诵;识记36个无意义音节,需要54次才能背诵;而识记6节诗,其中有480个音节,只要8次就能背诵。

这个实验说明了有意识记比机械识记效果好,也说明了理解对记忆的重要性。所以,我们提倡在理解的基础上进行记忆,不主张死记硬背。家长和老师必须以极大的耐心和爱心帮助孩子理解事物,让孩子学会思考,当然我们不能完全否认和摒弃机械记忆,对机械记忆的作用也应给予足够的评价。在孩子的学习中,总有一些记忆材料无意义或意义不大或暂时不能理解的。这就需要机械记忆。不要把理解记忆与机梯记忆对立起来,其实用机械记忆记住的东西,对更好的理解是很有帮助的。用中国形象生动的句子,"读书破万卷,下笔如有神"、"熟读唐诗三百首,不会做诗也会吟"来说明机械记忆的作用,是不是更有认同感!

单词记忆法

现在不少家长都让孩子从小学习英语。幼儿记忆力好,如果方法得当,从小单词记熟一定量的单词,那对他日后的学习当然是大有益处的。然而,目前大多数上过幼儿英语班的孩子似乎没记住多少单词。这其中一个重要原因,就是方法不当。

学习英语如建大厦,单词是砖瓦,语法是框架,课文是整体。就是说背单词、掌握语法、读懂课文是学习英语的三要素,而记忆单词则是学习英语的基础。上海市青浦县某小学特级教师经过多年苦心钻研,探索出一套行之有效的幼儿单词记忆法。

(1)拼音记忆法。

英语是拼音文字,初学时必须掌握26个字母及其典型字母的语音规则。例如只要掌握开音节、闭音节、字母组合等规则,像tea-cher, po-llu-

tion等这些单词按读音写下来,并不难。

(2)联想记忆法。

同音词、同义词联想记忆,如son联想到sun;sea联想到see。

反义词、同义词联想记忆,如short联想到long;由wet联想到dry;big联想到large;answer联想到reply。

(3)构词法记忆。

大家都见过葡萄,摘葡萄都是一串一串地摘。如果一粒一粒地摘,既费工,又掉粒。根据词法记忆单词,就像摘葡萄一样,抓住词干,分析前后缀复合关系,一记一大串。

例如:care-careful-carefuuy-careless-carelessly-carelessness。如果再加上takecareof,carefor,careabout这几个常用词组,抓住care一词,带出了另外8个词。

(4)单词记忆"品"字法。

单词记忆"品"字法就是若要记一百个单词,第一次记忆20个,第二次复记第一次的20个,再另记20个,第三复记前40个,再记另20个,第四次先记前60个,再记另20个,第五次复记前80个,再记另20个,第六次先记后20个,再复记前100个。这个记忆法是根据艾宾浩斯遗忘曲线理论而形成。他的实验证明"遗忘的进程不是均衡的,在识记后短时间内,遗忘进行得较快,遗忘得较多,以后逐渐缓慢,到相当时间,几乎不再遗忘"。

"品"字记忆法也有人称为"叠罗汉"。

(5)四合一法。

"四合一"法就是眼看单词、词义、词性;口读这个单词,耳听这个单词;手在纸上写上这个单词。这种方法使人眼、口、耳、手并用,使人精力集中。是一种最简单、更方便、最适合同学操作的方法。目前,中学大多数学生采用这一方法。并注意在记忆一课单词时只进行一次。较好的是每天1~2次,每次5分钟左右。

(6)筛选法。

筛选法就是边学边将学过的单词抄在一小本子上,不加任何释义,每

天抽100分钟时间看100个左右的单词。有些词由于复现率高，根本不用去记忆，这样剩下需要记忆的次数就不多了，经过反复筛选，反复记忆，记住单词是不难的。

(7)单词结合词组或句子记忆法。

关于如何记忆生词的问题，著名英语专家许国璋教授建议：不要单独死记生词而要结合词组或句子去记。

例如：记bring这个词，可以用一列词组和句子去记bring along、bring bake、bring up；Bring me the book。

另外，上海市青浦县某小学特级教师经过多年苦心钻研，探索出一套行之有效的幼儿单词记忆法。

(1)编一段话。

26个字母教完后，可以通过一首歌串起来，那么学了一定量的单词以后，怎么把它们连在一块儿，不至于前学后忘呢?从孩子爱听故事中顾老师受到启发：何不编一段话，把这些单词放进去，既可让孩子记住单词的读音，又可以在一段情景中让孩子感知到单词的意义，通过理解更有利于记忆，可谓一举两得，一试之下，效果明显。如教到Unit3时，孩子已经学了11个单词，于是他就“中西”结合，编了以下一段话：今天是星期天，早晨起来，我刷好牙、洗好脸，吃了一块cake，背上我的bag，戴上我的hat，骑上我的bike，来到了汽车站，拿出了一面flag，拦了一辆Car，到郊外，放了我的kite，玩了一会儿，我口渴了，于是拿出了一只cup，喝了一杯milk，一看天色不早了，马上乘上jeep回到了家里，我的dog正在门口欢迎我呢。

编好后，在班上边演边说，孩子兴趣盎然，老师趁热打铁，要求孩子自己试着编一段较完整的话。请他们在课堂上讲演，并把讲得好的故事录下来，以示鼓励。这样一来，孩子将这11个单词背得滚瓜烂熟。

(2)画一幅画。

心理学告诉我们：孩子抽象思维薄弱，理性认识能力较差，而形象思维比较发达，易受感性形象的影响。他们的注意力首先受事物外部特征所支配，让他们对色彩鲜艳的事物发生兴趣，从而烙下较深刻的印象。在英语

单词教学中，为了增强孩子记忆，可以把零碎的单词通过贴画、添画等形式，最后在一张色彩艳丽、形象逼真的图上表现出来。如学了Unit2中的6个单词后，可以设计这样一幅贴画：绿草如茵，天空湛蓝，一条清澈的小河东流，一座红顶白瓦房矗立在河边草地上，楼顶插着一面鲜艳的小红旗，一个小女孩在房前的草地上手拿着一只杯子在喝水，蜜蜂在花丛中飞舞，绵羊在草地上悠闲地吃草，河里还有鱼儿在嬉水，整幅画浑然一体，体现了生活的情趣，看着这张色彩明丽的活动图，孩子大多能一口气说出：bee、sheep、flag、fish、water、girl等6个单词，这种融抽象的单词于直观的图像中的方法，颇受孩子的喜爱。

总之，以上是一些专家学者的经验总结，除此之外，大量的阅读也可以增加词汇的复现率，用学过的词语造句、写日记、或口述生活情景等，都是运用所学词汇于显示中，这样，既可以帮助记忆单词，还可以提高孩子说和写的能力。

九、注意力

无论是科学家、军事家、政治家、思想家，很多成功的人，他们在一生中能够成就一个事业，其中都有一个重要的素质就是：善于集中自己的注意力，善于专心致志地做一件事情，善于专心致志地进行每一时刻的研究、学习和努力。

当我们赞叹、羡慕、向往和崇拜天才人物的成功时，不如自己从培养孩子集中注意力这件小事开始。

决定学习成绩的主要因素——注意力

因为学习活动是一种需要自己意志努力记住的活动。因此，注意力对学习成绩的提高有着特别重要的作用。中学生应学会自我控制，训练自己专注思考、精力集中，学习成绩就会和明显提高。从实践中看，注意力对中学学习有以下作用。

(一)注意力决定学习效率和学习效果

学习优秀的同学，往往是注意力高度集中的同学。注意力在中学学习中，往往决定我们的学习效率和学习效果。

所谓注意，意味着人们主观意识中一种觉醒的状态。一般情况下，中学学习的环境是无法同外界隔绝的，虽然与大众生活环境相比所受影响的因素少了很多，但仍不可避免地会出现许多干扰同学们集中精力学习、吸引注意力的大量信息和事物。同时，周围的现实世界中充满了各种各样的信息刺激，处在青春成长时期的中学生很难不受其刺激，这样就容易在学

习中造成精力分散、神志游离，无法保持注意力的高度集中。这种状态下的学习效率会很低，学习成绩也会受其影响。

而注意力集中的同学，却能在任何环境中保持意识的觉醒状态，这种状态会刺激他们对所学知识兴趣程度的增加，忽略其间一些无意义或与学习无关的信息刺激，把精力集中在学习上。这样的学生，学习效率就会很高，学习成绩必然很好。

（二）注意力主导知识的掌握与成绩的提高

通常，处在清醒状态中的人，对需要关注的信息会主动的感知，注意的心理特征就是有方向性地选择信息，合乎注意方向的信息与事物会容易引起注意力集中，这对中学学习中牢固地掌握知识，运用所学提升成绩是有极大益处的。

一般来讲，只有兴趣度超过我们正在知觉的信息时，才有可能使自己放弃原先关注的信息转而关注新出现的信息。很多同学老感觉到自己上课时走神，学习中思想“跑题”、“开小差”，虽然这对学习知识提高成绩有影响，但其实这也很正常的，我们不可能长久地只对一种信息注意集中，现实生活各种因素的影响，青春心理、生理的变化与躁动，都会让大家时时感觉到心不在焉、想入非非。只有平时自觉重视自我控制的训练，有意识培养自己的注意力，才会集中心思减少学习的干扰，这对巩固自己所学知识大有帮助。而且照此坚持下去，同学们会发现自己的学习成绩不知不觉的在提高。

不管怎样，对学习的注意集中，会增强中学生学习的兴趣，会提升所学的记忆与巩固，会显著提高学习效率和增强学习效果。因此，平时自觉培养自己的注意力，会对中学生学习与未来的发展，都能起到很大的促进作用。

把孩子领入注意的大门

俄国教育家乌申斯基曾说过:“注意就是那扇门,一切由外部世界进入人的灵魂的东西都通过这扇门……”注意力是指人的心理活动指向和集中于某种事物的能力。

新鲜多变的物体,非常容易引起孩子的注意力,但是幼儿期的注意力很容易因受到其他新鲜刺激而发生转移。相关的实验表明,在教育环境良好的情况下,3岁幼儿的注意可以连续集中3~5分钟,4岁幼儿可集中10分钟左右,5~6岁幼儿可以集中15分钟左右。如果教育得当,6岁幼儿可以保持20分钟的稳定注意。这时的注意力还要受到一些因素的影响,如兴趣、智力、年龄、个性等情况,对形成良好的注意力影响很大。

注意是幼儿认识的开始,只有注意才能观察得更深入,才能发现新的问题;只有注意,才能提高记忆力。注意力不集中,养成“视而不见、听而不闻”的毛病,就不能更好地认识。经观察发现,注意力稳定、持续的孩子,掌握知识的速度要快,而且记得非常牢固。比较而言,智力水平较高,超常儿童的注意力往往都很强。

注意主要有两种,一种是无意注意,一种是有意注意。

无意注意指的是事前无明确目的,也无需意志努力,自然而然产生的注意。3~6岁的孩子,无意注意占优势地位。例如,孩子对新奇而有趣的事物都会注意去看、注意去听,只要他感兴趣,就会较长时间地进行这项活动。

有意注意是有目的的、需要意志控制的注意,在有意注意时,人的大脑会处于一种紧张状态,时间长了会感到疲劳。因而,对年幼的孩子来说,不加以指引和训练,不提出必须遵守的行为规范和完成任务,无意注意是很难转变成有意注意的。

孩子在幼儿园的学习比较轻松愉快。入小学以后,每节课40分钟左右,需要孩子坐在椅子上集中注意力听老师讲课,这对刚从幼儿园毕业的孩子来说是有一定难度的,要求也是比较高的,容易造成孩子的不适应。因此,在入学以前,你应帮助孩子发展有意注意,使孩子逐步学会控制自己的注意。有意注意需要意志的参与,而孩子意志的发展还较差,培养有意

注意时切不可操之过急。开始，采用游戏形式比较好。如在桌子上放4~5样玩具，让孩子看1~2分钟，然后请孩子把头转过去，你拿掉其中一个玩具，再让孩子转过头来，要求他/她说出桌子上的变化。游戏可以增加难度，如玩具的数量多一点，拿掉玩具后再把留下来的玩具位置调换一下。做游戏时，如果你和孩子轮流出题目，孩子的积极性会更高。一般孩子都比较喜欢听故事，所以你还可以让孩子自己听录音故事来发展他/她的有意注意。在听故事前先向他/她提出几个问题，让他/她带着问题听，听完后回答你的问题。还可以要求他/她边听边记住故事的内容，然后把故事复述给你听。

如果孩子的注意力特别差，那么除了上面的游戏，你还可以每天为他/她增加一点专门的练习。如在一张纸上写1~100的数字。专门的练习对提高孩子的注意力很有效，只要你能根据孩子的情况经常和他/她一起做有利于注意力发展的游戏，相信你孩子的注意力会很快提高。

培养孩子的注意力，关键是找到兴趣点，当孩子对事物发生兴趣时，才有可能注意它。因此，要有目的、经常性发现兴趣点，让他持续不断地产生兴趣，这样可以让他保持较高的注意力。

注意力体现在整个的学习过程中

有一天，一位家长领着孩子找素质教育专家进行注意力方面的咨询。她抱怨说，自己的孩子上课从来不认真听讲，经常做小动作。回家写作业也是边写边玩。有一次，三行生字从下午2点钟写到晚上10点钟。显然她非常着急。自从孩子上学后，她就发现了这一问题，并绞尽脑汁想办法解决，可收效甚微。什么感觉统合、生物反馈练习都试过了，钱没少花，可就是没有什么起色。

在家长看来，只有先解决注意力集中问题，孩子才能认真地学习。这些年她就是抱着这个信念去做的，可并没有什么成效。专家分析，孩子只有在学习的时候注意力不集中，而在游戏和看电视时并没有此类问题，为什么呢?因为学习是枯燥的、复杂的，需要我们付出努力。看上去孩子面对复杂的学习任务不能集中注意力，可我们一味强调注意力的集中似乎不能

对此有所改进。我们不能钻到孩子的大脑中去控制他的注意力。既然如此,我们为什么不换一个角度,跳出这个怪圈,从反向来思考问题呢?学习和注意力集中是一对矛盾,两者不可分割。如果我们对于解决注意力无能为力,可不可以先改进孩子的学习能力呢?如果我们先不考虑注意力集中,只是在学习的质量和时间上要求孩子,如果我们注重培养儿童的书写和阅读能力,如果我们着手改变孩子的学习方法和学习内容,根据孩子的兴趣和水平,提供他愿意做的和感兴趣的学习材料,那效果又如何呢?家长一点一点地开窍了。她明白了我所说的话。

学习和注意力不是因果关系,而是同时发生的。注意力不是单独的心理过程,它体现在整个学习过程中。如果我们学进去了,注意力自然集中了。其实,任何时候,人都是有注意力的,你不是集中于游戏,就是集中于学习。因此,注意力障碍是一个逻辑上不可能的事情。懂得了这个道理,家长就不用过于关注注意力集中与否了,而在培养学习能力和改变学习方法上下工夫。这位家长改变了以往的做法,对孩子进行了学习能力的训练,通过训练儿童视知觉能力后,她的孩子就有了明显的进步,这一进步首先就体现在注意力上。

影响孩子注意力的主要原因

让我们一起来看一个镜头,帮这位小朋友的家长,找一找影响这位小学生注意力的主要原因是什么?

事情的发生:暑假期间,一位将要升4年级的小学生的爷爷找到老师:“老师,我的孙子一分钟也停不下来,还怎么完成暑期作业啊?最好你抽时间来看看。”

老师走进这位小学生的家,问他暑假作业快完成了吗?还有一周就开学了!

学生:还有3篇作文。

老师:有内容吗?

学生:有,就写擦席子吧。

老师:好!就写擦席子。准备好了吗?大约要写多少时间?

学生:10分钟吧。

老师:把闹钟拿来,定好15分钟吧。上好厕所、喝好水、废话不说了,再定时。这才能说明你的有意注意时间是多少。

学生:(定时后,开始写)奶奶!

老师:(向奶奶示意不要理孙子)

奶:(未答)

学生:老师!

老师:(未答)

学生:妈妈!

老师:(向妈妈示意不要理他)

妈:(未答)

学生:做完了!

老师:闹钟还没响呢,看看几分钟做了一篇作文?

学生:7分钟。

老师:好!某某你破纪录了!记住17分钟可以自己完成一篇作文。可以给自己记个五角星了。还记得作文完成要三查吗?

学生:记得。一查错别字;二查标点;三查病句。

老师:余数够吗?检查修改,明天做吧,明天自己15分钟内完成,又可得一个五角星了。

学生:不,我现在改。(边读边修改)

老师:(起身要走)

学生:老师,你先别走,等我画个"光荣榜"!(立即钻到床下找蜡笔)奶奶、爷爷、妈妈:(3人同时出动,床上、床下翻蜡笔)

老师:他自己找不是很好嘛?

学生:(立即勾画了一架飞机,让我在机身中写要求)老师,你在这儿写作文要求。

老师:看看你们的宝贝,要强不要强,上光荣榜还不够,还要坐飞机。

某某,为什么奶奶说你一分钟也停不下来,这不7分钟就做好了吗?

学生:你问问他们,烦得要死。我一边做,他们一边说。

老师:他们是谁?说什么?

学生:四人大合唱(指爸爸妈妈爷爷奶奶)!一会儿说,字大乱啦;一会儿说,写得这么慢,没完没了。

在上面的案例中,应当很清楚地发现,影响那位小学生“1分钟也坐不住”的干扰来自家长。这位同学,到儿童医院做过“多动症”测试,一切正常。老师到他家,为了挖掘孩子有意注意的自身潜能,按照三年级这个年龄段的孩子的生理与心理发展水平,为家长做了示范。

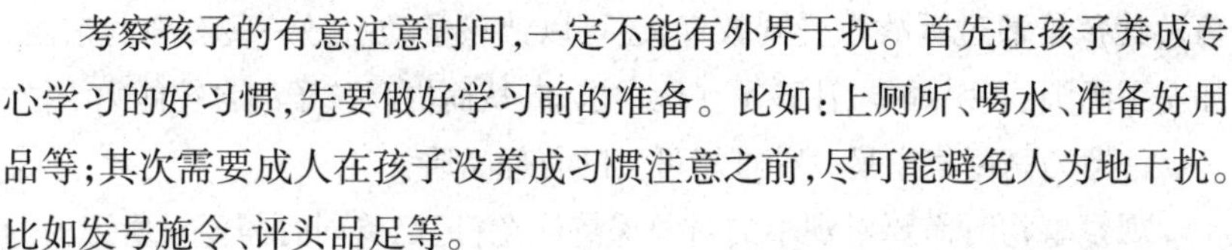

考察孩子的有意注意时间,一定不能有外界干扰。首先让孩子养成专心学习的好习惯,先要做好学习前的准备。比如:上厕所、喝水、准备好用品等;其次需要成人在孩子没养成习惯注意之前,尽可能避免人为地干扰。比如发号施令、评头品足等。

孩子完成作文的前前后后,充分表明了孩子需要自我发展,积极上进,只是需要家长了解自己孩子每个发展阶段是否抓住了它的关键时期,这需要一定的育儿知识,也要学会根据孩子的特点和实际能力,进行满足它的发展需要的引导措施或艺术。这其中的奥妙,向孩子学习,一起成长,千万不能以半点“居高临下”的教育者自居。

解决孩子的精神不集中

6~7岁的孩子一般只能集中注意10~15分钟,而一节课有40分钟,在低年级的课上,老师一般都知道这个问题,有的课会有一些课间操,有的课老师会让同学们在后一半时间里动动手,以缓解孩子的疲劳感和枯燥感,尽管这样还是有许多孩子在课堂东张西望、胡思乱想或搞小动作,这就要从影响注意力的各种因素谈起。

无论大人小孩,往往对新鲜的比常见的东西更容易注意;对有趣的比枯燥的事情更容易注意;对变化的比静止的更容易注意;对特别突出的比普通的更容易注意。可是在现实当中有些事物并不具备那些特点,特别是

学习中,许多知识本身就是枯燥的,这就需要孩子们严格要求自己集中注意力了。

与孩子身心有关的影响注意力的原因有很多:有的孩子情绪化,心情好时注意力就集中,心情不好就很难集中;感兴趣的事注意力就集中,不感兴趣的注意力就不集中;身体好时注意力就集中。身体不舒服时注意力就不集中;往往由于前一天晚上休息不好注意力也不容易集中。

专家指出,要想使孩子上课时集中精力就要教他们一些调整情绪的方法;保证他们有充足的睡眠。同时要让他们懂得专心致志才能把事情做好的道理,为避免让孩子不爱听,可以给他们讲一些有趣的故事,如《小猫钓鱼》,让孩子通过听故事受到教育,还可以让孩子动手做一些有趣的东西,如左手画圆、右手画方,让孩子在玩中求知,从而提高孩子的自控能力。

注意力高度集中是一种难能可贵的心理品质。

观察事物时需要对观察的对象保持注意;记忆单词时需要对所记的词加以注意;写字、画画等什么事情都离不开注意力集中,所以说注意力是人们从事一切活动的保证。

注意力的集中是可以通过训练提高的,注意力水平可以用如下的方法加以训练,这里提供的题目仅供参考。

观察下列各组数字,集中注意力找出前后两个数字的和是10的那两个数并在下面画上横线。例如:2946119355678547。

该题主要是测试速度,你如果被别的数字分了心,你的速度将受到影响,成绩就会下降。时间给定两分钟。

A:2914875639467883123456789876543 7

B:1234567891234567152163174613512 4

C:9876543219876543142152162172849 2

D:3346738291456712912912319876519 0

E:5398277467537098802838208246593 4

F:2056377089574974550553355446550 5

专家认为,可以采用三种方法分配听课时的注意力。

把全部的注意力放在做笔记上。这样,记忆就退居到次要的地位,听课好像变成了听写,这样听课必会导致对许多问题缺乏理解。

用50%的注意力听考试讲解,用50%的注意力做笔记。这样做,孩子能够理解并且记住大部分的内容。

用90%的注意力集中听老师讲解,并积极地动脑思考,只用10%的注意力做简要概括的笔记。这种笔记不是对老师原话的记录,而是经过了自己的思考以后的语言。这样做,孩子不仅能够全部掌握所学的知识。而且还可能有创造性的新发现。

也正是因为这个原因,专家指出孩子在听课的时候应该做提纲式的笔记。

培养孩子的注意力

我国古代楚国有位著名的棋手收下了两个徒弟,其中一个专心听讲,技艺长进很快;而另一个却一心认为"鸿鹄将至,思缓弓缴射之",三心二意,结果无所长进。它生动地告诉人们注意力在人的智力活动中的重要作用。

所谓"注意力",也就是人们通常所说的"专心"。日常生活中人们所表现的"全神贯注"、"聚精会神",就是注意力的表现形态。心理学家是这样给"注意力"下定义的:注意力是指人的感知、记忆、思维、想象等心理活动指向和集中某一事物的能力。

注意力是智力的重要部分这是无可非议的。同时,注意力还是观察力、记忆力、想象力、思维力等其他智力因素的必要条件和先导,如果没有注意力,人就听不到、看不见、无法回忆,难以思考。有了良好的注意力,就好比是打开了心灵的天窗。要塑造聪明的孩子,必须开启孩子的心灵之窗。

考察各种类型的神童,其稳定而集中的注意力,可以说是一个普遍的特征。据说居里夫人幼年时注意力就令人吃惊,在她阅读书籍之际,就是别的孩子跟她开玩笑,故意发出各种使人不堪忍受的声音,也丝毫不能把

她的心思从书本上引开。

曾被《少年报》《中国青年报》《解放日报》以及香港报纸报道而引起国内外人士注目的小女孩冯遐，阅读时一贯聚精会神，常常能保持这种状态达几个小时，其中仅有10分钟休息时间，她却始终保持了高度而稳定的注意力。

稳定而集中的注意能力毫无疑问是神童的智力特征之一。当然，反应敏捷，口齿伶俐，想象丰富，观察细致；记忆过人等也是十分重要的。但可以肯定，没有良好的注意力的孩子是不可能成为神童的。

要培养良好的注意能力，必须了解儿童注意的特征。

儿童的注意发生在新生儿期。有资料表明，明亮的物体、发响的玩具、巨大的响声均能引起尚未满月的婴儿的无条件定向反射，这种原始的定向反射活动，可以说是孩子最初的注意。此后，孩子的注意越来越明显，注意的对象开始是亲近的人的脸庞和声音，然后扩大到奶瓶、牛奶、小勺、小碗等这些和满足机体需要直接有关的事物。但1岁以内的孩子，注意都是极不稳定且都是无意注意，即事先并没有预定目标，也不需要意志努力，自然而然地产生的注意。有资料表明，周岁以内的孩子对所看到的事物能注意的时间不超过2分钟。

也许你曾有过这样的经验：当你对着1岁多的孩子问“猫呢?”孩子就会朝着小猫经常活动的地方去寻找；当你问“妈妈呢?”他就会转向妈妈所在的地方。

这是因为1岁的孩子，开始学会按成人的语言要求注意周围的人或物，这标志着孩子有意注意已经开始萌芽，也就是开始学习按照一定的目的去注意事物了。

3岁以后，注意范围扩大，注意能力逐渐提高，但如果你留心观察，你一定会发现类似的现象：也许孩子正聚精会神地听你讲故事，突然一只小猫从旁边跑过，这时小孩的注意力往往会立即转移到小猫身上，眼睛跟着小猫转。此时，你大可不必为此生气，因为5~7岁的孩子已开始能比较自觉地注意某些事物，但是还很不稳定不能较长时间地把注意力保持在某一事物

上，稍受干扰，注意力就会分散，无意注意仍占据主导地位。婴幼儿的注意以无意注意为主，有意注意处于逐渐形成阶段，注意的稳定性差，范围较小。

而在我国众多的神童中，他们有的2岁玩积木时就能连续几小时不分心；有的虽年仅3岁，却能在周围有食品和玩具的引诱下"无动于衷"，在长达30分钟时间内一气读完一张毫无内在联系的汉字表；还有的5岁半入学学习，听课专心致志，即使旁边有吸引人的电视节目，也难以使他分心。

神童除了注意稳定时间长，集中程度高以外，还有的注意转移能力十分强。能够根据需要主动地把注意从一个对象转移到另一个对象上。有位3岁的小男孩，一听到爸爸说："开始学习了！"无论玩得多开心，也能马上坐下来专心看书绘画。这对于天性贪玩的儿童来说，其注意力是惊人的！

看到这里，你也许会"望神兴叹"！其实，神童身上表现出来的"入痴入迷"，既不是天生的也不是上帝赐予的。如果进一步了解一下神童的家庭，就会发现神童"神乎其神"的成功道路上，也洒满了其父母潜心培养、训练的汗水和心血。

在培养孩子注意力时，你要从以下五个方面着手：

(1)创设吸引孩子注意的环境。

心理实验告诉人们，强烈的、新奇的与变化的物体最能吸引孩子的注意。如能自动跳绳的娃娃、会打鼓的大熊猫、自动下蛋的花母鸡、转动的音乐鸟笼、色彩鲜艳的形态逼真的吹气阿童木……类似的玩具你可以多为孩子准备一些。这对训练孩子，尤其是0~3岁孩子的注意集中能力是大有益处的。

据神童小津津的爸爸介绍，在小津津刚出生几个月后，爸爸就在小津津的床上方交换着挂上一些五颜六色的彩色气球。妈妈也常常用一些图案鲜艳的小手帕叠成不同的形状挂在小津津的床上方。这些方式都收到了良好的效果。

(2)培养孩子广博而持久的兴趣。

幼儿的注意在一定程度上受到直接的兴趣和情绪状态所制约。或许

你的孩子在计算2+1=?时，那副心不在焉的神态让你伤透了脑筋。然而，他在玩“小猫钓鱼”的游戏时，却是那样专心致志、入痴入迷。

通过日常生活活动，不断丰富孩子的知识和经验，丰富生活内容，可以使观察的兴趣更加广泛，这对孩子注意的发展是极为有利的。

(3)帮助孩子明确和理解活动的目的。

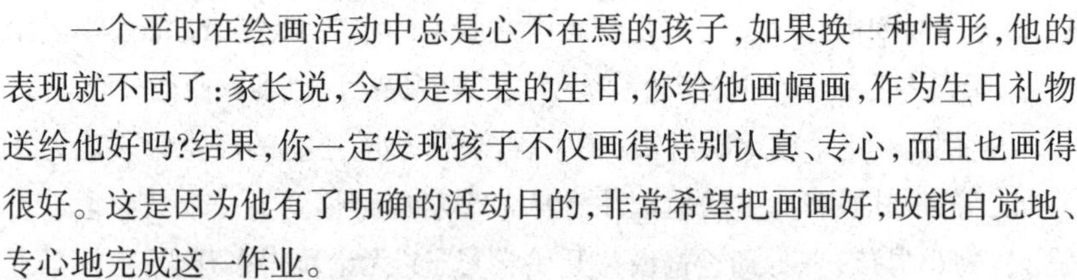

一个平时在绘画活动中总是心不在焉的孩子，如果换一种情形，他的表现就不同了：家长说，今天是某某的生日，你给他画幅画，作为生日礼物送给他好吗?结果，你一定发现孩子不仅画得特别认真、专心，而且也画得很好。这是因为他有了明确的活动目的，非常希望把画画好，故能自觉地、专心地完成这一作业。

在日常生活中，家长可以经常向孩子提出明确具体的活动目的，比如“家里多了什么东西”、“妈妈的衣服哪里变了”等等，有目的地引导幼儿注意周围的变化。长期训练，孩子将学会有意注意并逐步养成有意注意的习惯。

(4)在游戏中训练孩子的注意力。

有人通过实验证明，孩子在游戏中扮演哨兵时，就比在单调的实验室条件下维持注意的时间长。因为游戏是幼儿最喜欢的活动形式；同时，幼儿的每一个游戏都有着一个必须完成的具体明确的任务，这就需要孩子保持一定的有意注意。

传统游戏中，“什么东西不见了”是一种简单易行、效果良好的培养孩子注意力的游戏。你可以当着孩子的面，在桌子上摆出几样物品(要求孩子注意看、认真记，并说出物品的名称)，然后，让孩子转过身去，在孩子不察觉的情况下拿走其中的某样或几样物品。当孩子转过身来时问他：“什么东西不见了?”如果孩子回答对了，应及时给予表扬和鼓励；如果孩子答错了，应提醒他注意用心观察和牢记。这种训练方法较为灵活，使用的物品不论是吃的、穿的、用的、玩的均可。另外，类似的一些方法，如“找错”、“配对”等等均不失为简单、灵活、实用的训练方法，你可以根据具体情况选择运用。

(5)为注意力寻找一个支点——培养自制力。

有意注意往往需要一定的意志努力。神童良好的注意能力确切地说应该是稳定而集中的注意力和意志力的结合,两者缺一不可。

可以这样说,没有良好的意志品质也就难以养成超常的注意力,不会自制也就不会有意注意。

家长应该有计划地在孩子日常生活中,不断向孩子提出各种要求,鼓励他们把每一件事做完,不半途而废,以培养他们善于控制自己行为的能力。

怎样纠正孩子注意力不集中的毛病

据调查,"孩子注意力不集中",是使许多父母头痛的问题,要矫正这个毛病,可从孩子的健康情况、个性及家庭环境入手。

研究显示,孩子分心的程度与年龄成反比:3岁的儿童,平均注意力集中的时间长度为7分钟;4岁为12分钟,5岁为14分钟。孩子年龄越大越会逐渐懂得将注意力放在重要的事情上,而日渐增加专注的时间。因此,判断孩子是否专心,应依据其年龄的专心时间长度,而非依据家长的主观感觉。

孩子不专心,通常表现为两种情况:其一是注意力飘浮不定,专注的目标会经常转移;其二是心不在焉,常沉浸于白日梦而忘记眼前的事情,后者其实不是注意力不集中的孩子,只是将注意放错。只要家长用心纠正,使他们将心事转移到主要事情上去,往往会有惊人的表现和成就。注意力不集中的原因甚多,在生理方面,孩子若身体不适,精力或知觉发展不良,天生好动,以及神经系统或大脑微功能发生问题时,都会出现注意力不集中的现象,这些情况都必须由医生检查和治疗。此外,心理上的安全感和自信心不足,过分依赖、缺乏耐心或情绪困扰,也是注意力不集中的原因。这些情况大多数是教育方式和成长的环境所造成的。除了解决生理上的问题外,家长应该认识到,专心其实是一种可以训练、学习和培养的行为习惯。因此在埋怨孩子不专心的同时,也要反省自己有无不对之处。

例如，孩子玩游戏时全身投入，正是在培养聚精会神的习惯，此时家长切不可任意打扰、干涉和打断。平时家长可以将游戏时间与日常生活配合恰当，并指定一个固定的玩游戏的角落，将环境安排得有条不紊，以减少孩子分心的外界事物。也不能要求孩子做不感兴趣或超过能力所及的事。以免他们借着不断变换活动来逃避大人的责备。

此外，家中的气氛必须稳定，避免经常搬家及家中太多的人出入。切忌同时买太多的玩具及图书给孩子，使他们左顾右盼，不知所措，而无从培养仔细、有耐心、反复和专注一件物件的习惯。

家长应该以身作则，表现出专心、坚持和耐心的榜样。一旦发现孩子有专心的表现，更应加以鼓励和称赞。

对于年龄小的幼儿，可从说一则故事开始，不断地增加数量来加以训练；至于年龄较大的孩子，则鼓励他们做有兴趣和可胜任的工作，并且做完一件以后再开始做另外一件，投入的时间逐渐增加。除了要他们自己提醒

自己不分心以外，家长也要表现和善的态度。只要采取这些方法，孩子注意力不集中的毛病是可以改善的。

孩子学习注意力不集中，的确让家长伤脑筋。要是孩子天生愚笨，根本就不是读书的料，家长们也许心里还比较坦然。可孩子明明挺聪明的，许多高难度的习题都能做出来，可就是不能集中心思在学习上。因此，大多数家长甚至感到很绝望，颇有些“恨铁不成钢”的意味。

我们经常听见一些家长这样抱怨孩子写作业时心不在焉的情形——“我那孩子平时性子挺急的，可一到写作业的时候就拖沓得不行。他坐在那儿一动不动的，过了大半天才写一个字。明明半个小时或一个小时能写完的作业，他经常要熬到深夜。他自己受累不说，我和他爸还得陪着他受罪……”

“我家孩子一写作业就犯糊涂，要是让她抄写50遍生字，再怎么纠正她都会出40遍错误。哪有这么粗心的孩子?唉……”“要说起来我儿子学校留的家庭作业真不多，可他几乎没有一个晚上不写三四个小时。他不是不会做，反正就是快不起来，好像一点也不着急。你要是不在他身边盯着，他肯定写到天亮都完不成……”

“她写几个字就开始抠橡皮擦、咬笔头、抓耳挠腮的，看着就让人生气!”

“老师经常说他在课堂上注意力不集中，竟开小差……”

那么怎样才能纠正孩子学习时注意力分散的坏习惯呢?请参考如下建议：

家长陪孩子读书不可提倡。事实上，正如一位权威人士所说：“有的孩子学习拖拉是因为没有养成良好的学习习惯，更多的则是由于父母过分关注他们做作业，甚至包办代笔。”大多数儿童教育专家都不赞成家长陪孩子读书，因为家长总会情不自禁地督促孩子不要这样做，而要那样做。这些时断时续的语言刺激，更易于分散孩子的注意力。同时，也会让孩子对家长产生强烈的依赖性。

及时发现孩子注意力不集中的症状。比如，有的孩子注意力不集中是因为患有“多动症”，这需要去看心理医生。注意力不集中有如下症状：经

常无缘无故就烦躁不安,好像对什么都不太感兴趣。对任何一种东西都无法保持较长时间的专注。在课堂上,眼神游弋,自己都不知道自己在想些什么。

给孩子一个明确的完成作业的期限。比如可以这样对孩子说:你可以不用心,但你必须在八点钟之前完成作业,否则,周末就不能做什么等。培养孩子的时间紧迫感,慢慢地让孩子形成学习规律。有了明确的任务,孩子学习时就有了动力,才能保持紧张状态。当然,要求孩子学习时,时间不能太长,也不能要求孩子长时间做同一件事。这些都是导致孩子注意力不集中的因素。

给孩子适当的奖励。比如,当孩子按时完成了作业,家长不仅要从言语上加以表扬,而且可以辅助一些别的奖励。同时,还可以为孩子设定一个假想的竞争对手,提醒他"谁每天晚上只需花一个小时就能完成作业,还有时间看动画片什么的"。

为孩子营造一种良好的学习环境。许多孩子注意力不集中,主要与家庭环境有关。有的家长白天上班很累,晚上就喜欢看电视,而且声音很大;还有的家长喜欢把邻居、同事约在家里打麻将,这些必然会影响孩子的注意力。当孩子学习时,家长一定要保持安静。不要让孩子注意到家长在做什么。如果家长一直保持着良好的读书、学习的习惯,孩子就能耳濡目染。此外,要注意排除干扰孩子学习的因素。许多孩子习惯边听音乐边写作业,这是一种不好的习惯,是分散注意力的诱因。

适时解除孩子内心的忧虑。当孩子心理压力比较重的时候,孩子的注意力就无法集中。许多孩子害怕考试,尤其是害怕一些被家长们告诫为"将决定一生命运"的考试。为此,孩子们经常心猿意马,甚至胡思乱想。背负着沉重的心理负担,孩子们自然就无法专心学习。因此,但凡优秀的家长,都是孩子称职的心理安慰师。

主要培养孩子的责任感。家长应该让孩子明白,学习是孩子自己的事,用心学习,是对自己的将来负责。通过刻苦学习,掌握了各种技能,是将来在社会上立足的资本。一个对自己都不负责的孩子,将来是不可能关心、爱护他人,更不用说能做出一番大事业来。

发掘孩子的学习兴趣。如果一个学生对某门功课毫无兴趣,那就很难要求他集中注意力。假如孩子对所学习的内容兴致勃勃,根本不用谁督促就能全神贯注。兴趣是最好的老师,是获取成功的重要条件。

家庭中针对孩子注意力不集中的训练方法

孩子注意力不集中、易分心,是很多孩子具有的特点。年龄越小,控制注意力的时间越短,小学一年级的学生一次集中注意力时间至多也只有15分钟。这是由于孩子的神经系统发育还不够完善处在发育当中,注意力不集中这种情况将随着年龄的增长逐渐好转。小学要求学生上课要坐40分钟,因此我们不能被动地等待孩子的自我发育的完善,否则将影响学习效率及学习成绩。对于注意力不易集中的孩子,我们可进行一定的具体训练,以提高注意力,适应课堂生活。现举具体操作方法供大家参考,尤其第一条,是大多数孩子最喜欢玩的游戏。

(一)玩扑克游戏

可锻炼注意力高度集中和提高快速反应能力。

取三张不同的牌(去掉花牌),随意排列于桌上,如从左到右依次是梅花2、黑桃3、方块5,选取一张要记住的牌,如梅花2,让她盯住这张牌,然后把三张牌倒扣在桌上,由家长随意更换三张牌的位置,然后,让她报出梅花2在哪儿。如她说猜对了,就胜,两人轮换做游戏。随着能力的提高,家长可以增加难度,如增加牌的数量,变换牌的位置的次数和提高变换牌位置的速度。

这种方法能高度培养注意力的集中,由于是游戏,符合孩子的心理特点,非常受孩子欢迎,玩起来孩子的积极性很高。每天坚持玩一阵,注意力会有所提高。这是我发明的办法。我的孩子当时玩起来兴致颇高。他上小学时注意力非常集中。得益于小时候我采用多种灵活多样的方式培养他的注意力。

(二)买一些智力训练的书,每天坚持做练习

一些锻炼观察力、注意力、记忆力的图文，如走迷宫，在一大堆图中找某样东西，找异同(同中找异，异中找同)，比大小、长短，在规定的时间内把一页图中的物品记住，然后合上书让她报出来等等。时间不可过长，但往后可延长练习时间，一定要每天坚持练。做对给红五星奖励或打分。

(三)玩"开火车"游戏

这种游戏要三人以上，一家三口就可以完成，当然如果有爷爷奶奶或其他人参加，那就更好了。

为了叙述的方便，现以三人为例，方法是：三人围坐一圈，每人报上一个站名，通过几句对话语言来开动"火车"。如，父当做北京站，母当做上海站，孩子当做广州站。父拍手喊："北京的火车就要开。"大家一齐拍手喊："往哪开?"父拍手喊："广州开。"于是，当广州站的儿子要马上接口："广州的火车就要开。"大家又齐拍手喊："往哪开?"儿子拍手喊："上海开。"这样火车开到谁那儿，谁就得马上接得上口。"火车"开得越快越好，中间不要有间歇。

这是在少年时代的同学联欢会上经常玩的游戏。这种游戏由于要做到口、耳、心并用，因此能让注意力高度集中，同时也锻炼了思维快速反应能力，而且这种游戏气氛活跃，能调动人的积极性，孩子玩起来，乐此不疲。

(四)玩乒乓球干扰注意游戏

本来一个人要保持注意力高度集中就不容易，如果旁边再有人进行干扰，你会觉得更难以集中注意。比如你在做作业时，旁边正上演吸引人的电视节目，你就会分散注意力，然而正因为有干扰、有难度，才能在人为设置的更困难更复杂的情境中，训练注意力的高度集中。

有一次，我和五岁的孩子在玩乒乓球，我让他把球放在球拍上，绕桌子行走一圈，要求乒乓球不能掉下来。我在旁边进行捣乱，但不能碰到他的身体。一会儿拍手跺脚，一会大喊大叫，还一边说"掉了!掉了!"他忍不住就笑了，但为了不输给我，又不得不保持镇定和注意力集中，继续完成游戏，一圈走下来，我俩笑得前仰后合，流泪不止。

此外，还有类似的这种游戏，对提高注意力也非常有效。

当然，培养儿童注意力的方法有很多，其具体实施方法也不尽相同。家长可根据孩子注意力发展的特点，采取适当的方法，有计划、有目的地训练和培养孩子的注意力。只要你采取科学的方法和态度，努力去做，一定会取得成功的。

利用内心·竞赛法提高注意力

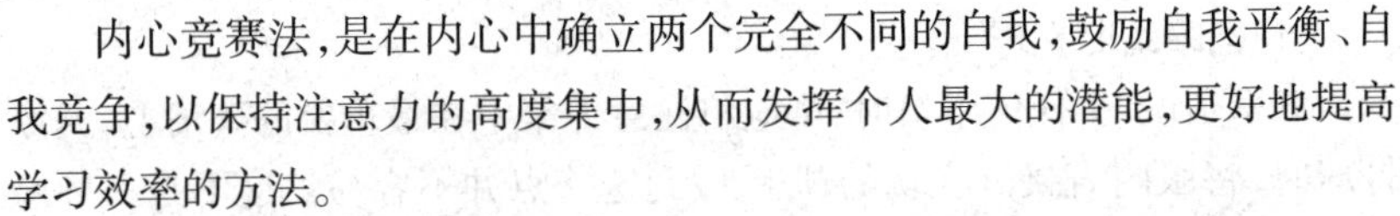

内心竞赛法，是在内心中确立两个完全不同的自我，鼓励自我平衡、自我竞争，以保持注意力的高度集中，从而发挥个人最大的潜能，更好地提高学习效率的方法。

内心竞赛法是训练自我控制和集中注意力及能提高学习效率的好方法。它是由美国的蒂姆(当过多年的运动员和教师)根据多年的实践经验总结出的方法。他认为在人的内心世界里存在着两个自我。以打网球为例，一个自我在打网球，另一个自我在告诉我怎样打、网球的规则是什么等。

蒂姆先生把这两种自我分别叫做“一号自我”和“二号自我”。所谓一号自我就是空头理论家，他的能力是理解比赛任务和规则，裁判对错，判定好坏。所谓二号自我则是实干家，他是思维、感官、神经和肌肉的复杂结合体。没有它任何动作都无法完成。一号自我决定做什么，二号自我承担具体任务。人们要想很好地完成一项活动，关键就在于一号自我和二号自我之间保持一种正常的平衡。

我们都有过这种体验，当看一本好书时，或听一堂好课，或参加考试时，脑子里寂然无声，二号自我自动化地应付活动。在这种出神入化的时候，我们仿佛忘掉了自我的存在。蒂姆经过反复试验，得出这样的结论：要想保持最佳竞技状态，关键是让一号自我住口。在活动过程中，主要是由二号自我去执行、去完成，此时若一号发出这样那样的指示、想法、批评、怀疑、惊恐、忧虑，只能使二号自我感到困惑不安，起干扰作用，影响它正常发挥。如果一号自我能在适当的时候回避，如二号自我已看清方向，并做出

决策，准备行动，此时一号自我回避一下，暂停行动，放心大胆地让二号自我单独进行工作。在具体操作中没有一号自我喋喋不休的干扰，二号自我全身心地投入，那么就很可能带来奇迹般的结果。这种技巧不仅适用于运动竞赛，也适用于学习活动和考试等。当然，要想躲开一号自我也不是那么容易的。如在考试时，一号自我发出恐惧失败信号，过分紧张，往往影响二号自我的正常发挥，不容易做到自我控制和专心答题。要想保持住两种自我的正常平衡，达到最佳状态，必须进行有效的自我训练。

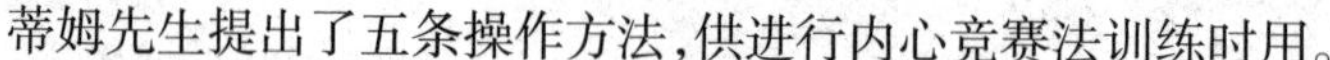

蒂姆先生提出了五条操作方法，供进行内心竞赛法训练时用。

(1)把眼睛盯在球上。

意思是说，干任何事情时，都应将注意力集中在最重要的事情上，就像打球时，将眼睛直接盯在玩的球上，做到这一点并不容易。这不是一种愿望，不是自我监视，而是一种精神上的入迷状态，好像着了魔一样。把全部注意力都放在球上，球的一举一动，球的任何变化都在你的观察和预料之中，而且对任何原以为不可能接住的球，从而达到炉火纯青的程度。

在课堂上，学生应该发挥二号自我的作用，将注意力集中在老师的讲课上，课文的内容、老师讲课的声调、表情以及板书等，都是注意的对象，但注意力的重点还是围绕着讲的内容和老师的思路。此时如一号自我议论，这课该不该听，或对老师评头论足等，这样就会干扰学习效果。不管干什么都要把注意力集中在活动的重点上，这样才能获得好的效果。

(2)协调自己。

一号自我了解内情，很会吹毛求疵，它经常埋怨二号自我什么事都干不好，使二号自我这个实干家无所适从。其实二号自我很能干，诸如打毛线、骑自行车、在闹市开汽车、计算机操作、写文章等复杂的事都能干好。一号自我要减少不必要的干扰，充分发挥二号自我的潜力，这样什么事都能干好。

(3)协调发挥自我的作用。

一号自我也应有事可干，否则就会无事生非。它也应将注意力集中在进行活动的观察和监视上，清醒地认识活动的情景、活动的规则，客观地分析各种因素，作出正确判断的选择。

如考试时，首先发挥一号自我的作用，搞清楚考试纪律、考试要求和应

遵守的规则,冷静地面对现场,弄清老师的要求和试题的条件,不要担忧,担忧往往对可能发生的事提心吊胆。然后发挥二号自我的作用,集中注意力做好试题。蒂姆先生说:“当你的注意力集中在此时此刻需要完成的动作上,成功的希望往往是最大的。”如能协调发挥两个自我的作用,将会更好地完成动作和任务。

(4)不要担心输赢。

蒂姆先生确信,担忧和患得患失是一号自我常耍的一大花招,对二号自我产生的危害最大。它使肌肉和神经高度紧张,使记忆和思维不清晰,这是造成失误最常见的原因。只有当一号自我集中在活动过程,正确监视,停止担忧、抱怨和乱发号施令时,二号自我才能集中注意力于正在发生的事上,才能达到最佳竞技状态。

在完成任务和竞赛的活动中,人们越不为结局担心,那么多半会干得愈漂亮。蒂姆先生发现,“不为后果担心,只是一心一意地把比赛进行到底。出乎意料的是,当一个人达到这种境界时,结果却往往是最好的。”集中注意力干好眼前的事,不受外界因素和一号自我的影响,这是提高一切活动质量的最有效条件。

(5)不要怀疑自己的潜能。

自我怀疑几乎总是把怀疑变成现实。在考试时,一号自我老怕出错,结果还是出错。有个学生对高考总是担心,害怕达不到录取分数线,结果奋斗了5年连考了5次,总是因比录取分数线差几分而落榜。只有制止住一号自我的怀疑、担心和乱发言,使二号自我集中精力在眼前发生的事情上,上好每堂课,学好每门课的每个章节,做好每次作业,搞好复习,才能排除这种缺乏自信的心理,充分发挥自己的潜能。其实,人的潜能是巨大的,不要低估自己。

成功的人很少缺乏自信,了解和运用内心竞赛法,不仅能增强信心,锻炼注意力,而且能够有利于潜能的发挥,大大提高完成任务的质量和效率。

总之,内心竞赛法是一种简单而又深奥的方法,它可以帮助你在学习活动、体育比赛以及人生所有竞争中获得最佳成绩。

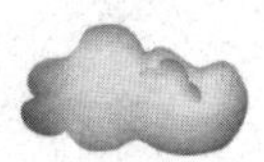

十、让孩子在玩中学

玩是孩子生活中必不可少的一部分。爱玩是孩子的天性,是孩子为了适应将来生活和工作的一种准备,在玩中可以使孩子的各种能力得到培养,学到书本上学不到的东西,能迸发孩子智慧的萌芽。父母若对孩子的玩予以正确的指导,启发孩子领悟玩的价值,可使孩子获得美好的人生启迪,让孩子快乐成长。

玩中激发孩子的求知欲

兴趣是孩子学习知识的最大动力,一个孩子如果对某一门功课感兴趣,毫无疑问,他一定会学得主动、学得轻松、学得愉快。而要使孩子对某一门课产生兴趣,父母则应充分调动孩子积极性,培养孩子的求知欲,使孩子从“要我学”的状态转变为“我要学”。有时,在辅导孩子的学习时,合理地设计一个小小的游戏,在“玩”中就能激发起孩子强烈的求知欲望。

例如:孩子在学习数学中“轴对称图形”这一内容时,因这一内容概念较抽象,同时由于受孩子自身空间观念水平的限制,孩子学起来时在理解上可能有一定困难。因此父母可以设这样一个游戏,3分钟内用剪纸形式完成一幅作品,作品表现的内容必须是我们身边常见的物品,比如一片树叶、一只蝴蝶等等。然后父母可以拿出自己的作品:第一幅是蜻蜓,不过这只蜻蜓比较奇怪,翅膀一边大、一边瘦小;第二幅是一条裤子,但一条裤腿长、一条裤腿短;第三幅则是一片树叶,但一边特别肥大、一边特别瘦小。这三幅作品一展示在孩子面前肯定会使孩子开怀大笑。笑的原因是不言

而喻的，这时父母可以乘胜追击，连续提出问题，进一步引发孩子的数学思考：显示生活中这三样物品应该是什么样的？你的作品中的物品是否有这个特点？用剪纸来表现这些物品时我们可以采用怎样巧妙的方法，剪得又快又好？孩子的求知欲得到了极大的调动。家庭气氛非常活跃，孩子的学习效果自然不错。更为重要的是，孩子学得主动、学得轻松、学得愉快。同时还明白了一个道理，生活中处处有数学，“玩”中也能学数学。

其实，学习任何一门功课，孩子是否有求知欲望，这种欲望是否强烈，是学习这门功课的原动力，也是能否学好的基础。切忌在孩子毫无思想准备的情况下，父母武断地下达学习任务，这会使孩子在没有接触这项学习任务之前，就有一种本能的抵制与反抗情绪。这样做的后果，必然是事与愿违，很难取得良好的效果。

日本教育家铃木主张，若父母希望孩子将来能拉一手漂亮的小提琴，应当在孩子很小时，就有意识地让他反复听著名的交响乐、各种唱片，经常带他去看别人拉小提琴。使孩子渐渐地对音乐产生兴趣，有了自己也想试试小提琴的愿望。这时才给他小提琴，并提供必要的指导与帮助，加上孩子如饥似渴的练习，必能取得很快的进步。

先培养孩子某方面的兴趣，再让他接触这方面的学习，的确是很好的经验。所以在每年的暑假期间，父母都应该了解一下，下学期孩子将要开哪些新课，如要开地理课，有空时就先带他一起看看地图，让他找北京在哪里、上海在哪里，旨在让他事先有所接触，引起好奇，培养兴趣。又比如，下学期要开物理、化学课了，你可以事先找机会在轻松自然的环境下，有意识地给孩子提一些有关问题。如天为什么会下雨？天热了温度计上的水银为什么会上升等问题，与他一起讨论，以引起孩子的兴趣。这时，孩子往往又会针对日常遇到的现象，提出许多“为什么”。这时就可以告诉他，父母也不见得都知道答案。这样，在尚未开课前，孩子心目中就有了向往与渴求，开学后，对这门课就会兴致勃勃地听讲、提问、找答案。这样又会进一步提高孩子学习的积极性。一旦对学习真正产生了兴趣，他不仅会主动去学，而且会越学越想学，越学越容易学，这就进入了良性循环之中，你也就不用

天天为孩子不会做作业发愁了。

反之，如果家长引导无方，一旦造成孩子对某门功课的畏惧心理，或产生了厌烦情绪，大脑会产生一种排斥倾向，便很难学好了。

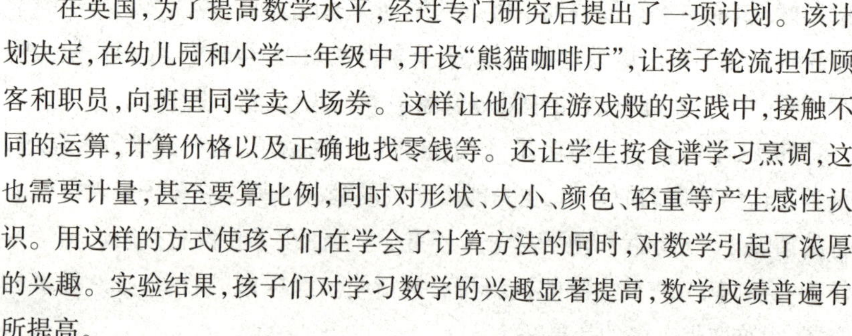

在英国，为了提高数学水平，经过专门研究后提出了一项计划。该计划决定，在幼儿园和小学一年级中，开设“熊猫咖啡厅”，让孩子轮流担任顾客和职员，向班里同学卖入场券。这样让他们在游戏般的实践中，接触不同的运算，计算价格以及正确地找零钱等。还让学生按食谱学习烹调，这也需要计量，甚至要算比例，同时对形状、大小、颜色、轻重等产生感性认识。用这样的方式使孩子们在学会了计算方法的同时，对数学引起了浓厚的兴趣。实验结果，孩子们对学习数学的兴趣显著提高，数学成绩普遍有所提高。

玩中开拓孩子的知识面

时代召唤年轻的父母要全面强化孩子的素质教育，这是社会的召唤，也是社会发展和进步的召唤。对比，家长应从观念更新手，在“玩”中开拓孩子的知识面，让孩子积累经验、增长知识。

我们应该在早期教育中抓住关键期，为孩子提供一个丰富多彩的环境，给予孩子符合大脑发育特点的各种刺激及教育的机会，让孩子的各种能力（包括视觉、听觉、触觉、味觉、嗅觉等的感觉），以及语言都在相应的阶段得到及时的发展。

我们还要让孩子去听音乐会、去欣赏画展、去看歌舞、去看体育技能比赛、去看动植物，到大自然中去观察千姿百态的各种现象。通过他们的感知器官将听到的、见到的、感知觉到的大量信息抢先注入到大脑里。使得大脑成为储存信息的大仓库，汇聚知识河流的大海洋。

学龄前的孩子有一个欢乐的童年，让孩子在“玩”的过程中，去积极观察世界、去体验生活，促进想象力的发展、促进思维力的发展，启发和诱导孩子的创新思维。爸爸妈妈们必须采取积极的措施，实施生动活泼的引导方法，因势利导，循序渐进，激发孩子学习的兴趣，在人为的良好的情绪下，

在玩中教、在玩中学，让孩子在玩中不知不觉地学到知识。

那些倡导“神童化”的教育，认为3~4岁的孩子可以认识几千个字，能捧着《水浒传》、《三国演义》读通。这样的孩子毕竟是极少数。他们读书的时候，既不明白书中的内容，也不全明白每个字的意义。他们被大人剥夺了欢乐的童年，大部分的时间被强制去死记硬背，培养成为机械的读书工具。这样的孩子可能短时间在某个方面似乎超常。但是由于他们没有学习的兴趣，缺乏进一步努力的欲望，随着时间的推移，由于缺乏生活能力和基本的生活经验，他们会逐渐落后于同龄人。这种强烈的反差，又使之产生心理障碍，导致庸庸碌碌，没有作为，影响了他的一生。这样的例子比比皆是。

玩是孩子的天性，无论是幼年时代，还是小学时代，在孩子的生活里，都离不开“玩”字。

一个好家长就是善于使孩子把“玩”融于学习、观察和记忆之中。

然而，在现实生活中，孩子的玩在家长苛刻的要求中悄然隐退，随之而来的是众多的一课一练、导学、导考等等，一种分数第一、名次靠前的观念逐渐占了上风。于是，孩子玩的权利被剥夺了，接触社会的机会减少了，书本上呆板的知识增多了，整体的素质下降了。所以，面对日新月异的发展，我们应当从观念更新入手，在“玩”中开拓孩子的知识面也未尝不可。

(1)“玩”能增长知识。在孩子上一二年级时，数学的基本练习是口算，这往往使孩子感到厌倦，但家长还是逼着孩子苦练。这时效果不会太令人满意。如果换一种方式，如与孩子“玩”数棋，你一步，我一步，走一步，算一步，融算于玩，孩子就会走得津津有味。在玩中，孩子的口算能力会不断得到提高。

(2)“玩”能激活灵感。放假是玩得好时机。这时，有条件的家长应带孩子去一些历史名城、名山大川畅游一番。如到北京游览长城、故宫、圆明园等，既可以使孩子了解中华民族的辉煌历史，又可以让孩子懂得自强才不受人欺侮的道理。如果再给孩子布置一两篇作文，这些都能激发他创作的灵感。

(3)“玩”还能为孩子积累丰富的社会经验。学生时代由于受到环境的限制,与社会接触不多,难以拥有较多的社会经验,而“玩”有助于积累社会经验。到街上“玩”,能领略社会的文明新风;到店里“玩”,能欣赏琳琅满目的商品;到风景区“玩”,能体验到大自然的美妙……

玩的花样可真多,玩的学问也很多,在对孩子走向新时代的培养和教育中,“玩”可谓是喜闻乐见,孩子容易接受,千万别把孩子捆在书桌旁,扼杀了孩子的天性。

尊重孩子玩乐的天性

素质教育专家认为,过早开发孩子智力未必是好事。

今年9岁的马超从小淘气,用大人的话说就是一会儿也闲不住。不仅如此,最近他还爱挤眉弄眼的,不时说一些骂人的话,经常招来一顿爸爸的拳脚。趁周末,妈妈带他来到首都儿科研究所,最终诊断为抽动秽语综合症,神经科的专家为孩子进行了对症治疗。

面对教育孩子的误区,专家给家长提出了一些忠告。

现在的家长不容易,不仅要在激烈的竞争中博得一席之地,还要教育好下一代,让他们多长本领以便将来有一个好的发展空间。

现在的孩子也不容易,您还能看到几个孩子在外面“跳皮筋”、“拽包”、“跳房子”?他们大多被家长圈在家里练琴、作画或是上奥数班、英语考级班。对此,您不妨听听医学专家的忠告,不要过早地对孩子进行智力开发,不要对孩子抱太高的期望值,还孩子一个健康快乐的童年,因为玩才是孩子的天性。

一位5岁的小孩有一个令人羡慕的家庭:爸爸、妈妈都是高级知识分子,在这样的家庭里,孩子不仅学速算、背古诗,而且还学习多门外语。每天他都在妈妈的精心安排下,速算半小时,背一首诗,然后再学习外语。不仅如此,他还生活在一个多语言的环境里,从小在带有外地口音的爷爷奶奶的看护下,发音不像普通话那样标准。因此,不论是他说普通话还是讲外语,家长都会在旁不停地纠正。于是细心的妈妈发现,聪明、活泼的孩子

越来越不爱说话了，而且还不停地摸这儿动那儿，一会儿也坐不住，谁见了都说这孩子准是得了“多动症”。

专家经诊断，向孩子的父母进行了耐心的解释。原来，儿童在3岁以前最好在母语的环境下成长，过早的语言开发可能会造成孩子对语言信号的模糊。像这名小患者接触的语言比较杂，很容易混淆出错。结果是孩子一说话，家长就在旁纠正错误的发音，使孩子越来越缺乏自信，生怕出现错误，久而久之，孩子也就越来越不爱说话了。

此外，家长过于注意孩子的早期智力开发，让孩子做那些只有有毅力的成年人才能坚持每天做的事情，没有顺应儿童心理发育特点，违背了孩子爱玩的天性。孩子自控能力差，长时间的集中精力，加剧了孩子的紧张心理，孩子要舒缓这种状态，也就表现得好动。

孩子的可塑性很大，当家长意识到问题的所在后，适当调整对孩子的教育方式，改变语言环境和教育观点，最后还是很好的。

现在的家长对孩子的期望值都很高，担心错过关键期教育和早期智力开发，结果给孩子带来压力。

实际上，过早的智力开发并不适于所有孩子。过度的教育会阻碍儿童应有的发育规律，影响身心发展。此外，培养幼儿成功的性格特征如独立精神、自信心、自尊心、自制力、理解力等，防止幼儿产生消极性格如胆小、依赖性、自卑、骄傲、任性、自私等，是有利于儿童身心健康发展的基础。

通过在玩游戏的过程中引导孩子的想象力，在讲述故事的过程中发展孩子的记忆力，在大自然中锻炼孩子的观察力等来提高孩子的综合能力，远比知识的授予、灌输重要得多。

心情快乐能让孩子学得更好

如何好好学习，提高自己的学习成绩，是每位学生、家长都十分关心的问题。有人认为，聪明的人肯定学习好；也有的人认为，刻苦的人学习就会好。这些话虽然有道理，但又并不全是这样。实际上，学习不好与学习目标、动机、情绪、适应生活能力、记忆方法、注意力不集中等有关，与自主学

习不强、考试焦虑、学习困难、习惯性思维以及厌学等不良学习习惯也有关。

有相当一部分学生在学习上存在不同程度的困难，而这些困难大多表现在心理上，主要是以下几个方面：

(1)思维质量不高。有些学生在学习过程中懒于动脑，很少或者根本没有预习复习的习惯，上课时老师讲什么便学什么，被动接受老师提供的现成答案，不能积极、主动地思考，更缺乏创新意识和精神，学习停留在机械记忆的低水平状态。学习行为更差的，甚至对老师的讲课内容毫不关心，只以完成当日的作业为目的，或者干脆抄袭别人的作业，错了也不纠正，每次考试后也不做及时总结。

(2)注意力差。注意力是贯穿整个心理过程的一种心理品质。调查发现，许多学习困难的学生表现出注意力不能持久的特性。上课时，他们的注意力容易涣散，处于一种失神状态，时常是书也不翻，笔也不动，或者趴在座位上睡觉；或者在桌面上及书上胡乱涂鸦；或者做与本堂课无关的作业，一心多用。在家里复习、做作业时也是如此。

(3)学习缺乏情绪。这是学习中的情感因素。有一部分学生的性情相当冷漠、麻木，生活中如此，学习过程中也如此。在学习活动中，适当的激情、良好的心境、饱满的热情是学习的重要心理品质；而情绪则是推动学习的强大动力，是一个人取得学业成就大小的先决条件。人是自己情感的主人，在学习过程中，学生应保持和激发积极的情绪状态，满腔热情地投入到学习中去。然而总有些学生表现得不求上进、学习懒散，没有一点学习劲头和良好的学习状态，学习自然就不会好。

(4)自我评价失当。有一部分同学自我评价过高，认为自己聪明，盲目自负，甚至不把老师看在眼里，把老师的激励性的评价当做自负的一个条件，这在一部分男生中表现比较突出；另一部分同学则自我评价过低，认为自己笨，什么都不如别人，或者是由初中升入高中后不适应；一次考试的不理想；一次课堂提问没有回答上来；或者回答错了，都会产生严重的自卑心理。这种情况在一部分女学生中表现比较突出，她们最容易过分焦虑，尤

其学期大考前,会出现这样那样的身体不适,这些都是过分焦虑的表现。无论自我评价过高或是过低,都是自我认知的一种错误,会对学习产生消极影响。

(5)学科兴趣降低,缺乏抑制力。兴趣是人们积极认识某种事物或关心某种活动的心理倾向。一个对某一学科产生强烈而稳定兴趣的学生,就会把这门学科作为自己的主攻目标,就会产生强大的学习动力,从而大大提高学习效率。但是相当一部分学生没有感受到学习的快乐,对学科学习的兴趣不大。现在的初、高中生信息来源很广泛,外界的诱惑非常大,因此学科学习远远不能满足他们的心理需要,兴趣便转移到课外,如足球、电子游戏、卡通书、动画片等。又由于他们缺乏抑制力,致使学科学习的兴趣降低、学习动力不足,导致学科成绩下降。

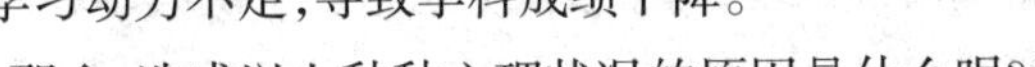

那么,造成以上种种心理状况的原因是什么呢?

首先,学生学习困难很大程度上的原因在于家长。从以上的调查分析来看,真正影响学生学习的智力因素是不多的,而像动机、兴趣、情操、意志、性格等非智力因素对学生的学习起着决定性的影响,而家长只是关心成绩,忽视的恰恰就是孩子非智力因素的培养。一项关于中小学生家庭美德水平现状的调查显示:逾六成中小学生每天与父母倾谈不足十分钟,即使在有限的时间内父母和中小学生交谈的内容也有一半以上是与学业有关的。近几年从中央到地方都提出为学生“减负”,而家长却在不断给孩子“加负”。买大量的复习资料,让孩子做大量的习题;给孩子请家教,使孩子的寒暑假及节假日比平时还忙,这无疑加重了孩子的课业负担。

同时,个别家长的不良个性,也会直接造成孩子的学习困难。例如父母离异,或者父母经常吵架,关系不和谐;好唠叨、焦虑、易怒、刻板、偏执、多疑、情绪不稳、粗暴等都影响了孩子的学习。有的家长整天沉迷于打麻将,对子女的学习不管不问;有的家长则对孩子过分溺爱,什么都大包大揽,结果导致孩子的自理能力越来越差,缺乏克服困难迎难而上的决心和毅力,所有这些都会对孩子的学习造成不良的后果。

其次,学生学习困难的原因在于学习的动力不足。学习终究是学生的

个体行为，学习的动力在于其内驱力起作用，学习的内驱语言能力来自于学生对于学科学习发自内心的需要。现在的学生多为独生子女，自我意识非常强，“一切以自我为中心”成为现代独生子女的通病，因此缺乏学习的社会责任感，缺乏积极的学习动机。主要表现在：学习目标不明确，既无远期目标，又无近期目标；学习无计划，没有合理的时间安排：没有主动学习的习惯、争先的意识和勤奋的劲头。因此学习上得过且过，学习效率低下，相当一部分同学没有“以学为乐”的感受。

再次，意志薄弱也是学习困难的原因之一。由于独生子女所处环境比较优越，从小缺乏艰苦的锻炼，因此表现出严重的意志薄弱。一是怕苦；二是怕累；三是心理脆弱，抗挫能力差，遇到挫折便一蹶不振；四是学习有惰性，只依靠老师或别人帮助解决困难，而不去想办法自己解决问题和困难。一些学生离不开家教，即属于这种情况。

社会上的招聘对于高学历的要求，使家长和老师必然把他们的目标定位在考大学上。在教育体制没有得到彻底改变的情况下，让老师和家长，包括学校没办法不实行应试教育，而这样强化的结果等于是反强化，愈加造成这些学生心理上的各种各样的问题，造成他们的学习困难。这也许就是当前教育的两难境地。

大自然永远是个好老师

自然智能的定义是“在环境中，对多种植物和动物的一种认识和分类的能力”。不像其他的一些智能，自然智能更关注在大自然、户外这样特定环境中的各种生命形式。

自然智能比较发达的人，在户外或生活在自然的环境中，通常会感到很有活力。但是，自然智能并不仅仅指户外。自然智能在任何有植物和动物的环境中都会被用到。如在动物园、水族馆、花园里对动植物的观察和推断。这种智能本质上是一种依赖于观察力和逻辑的分类的智能。

现在，在大部分的文明社会中，自然智能中的一些技巧几乎成了一种奢侈，一种追忆。技术的进步可以满足我们大部分的生理需要。和其他一

些智能相比，自然智能在今天比过去更缺乏“价值”。即使没有自然智能，我们也可以生活得很好。但是所有现在已定义的智能中，对任何一个人来说，在一定程度上自然智能不是无意义的。加得纳说，作为一种结果，自然智能中的天赋有时可以在非自然的条件下展露出来。一百年前，儿童把他的自然智能——一种分类的能力——集中于探索昆虫、鱼类、动物、岩石以及树叶上；现今，同样的自然智能则被孩子用于收集门票，分辨流行的网球鞋或者是对新的车型的分类。

自然智能比较强的孩子喜欢：

收集大自然中的物品(树叶、岩石、蛇皮等)。

玩土或沙子(而且并不介意把自己的手弄脏)。

和家养宠物接触(狗、猫、鸟、鱼等)。

去动物园，水族馆，或是花园。

在户外玩，也不介意天气情况或温度。

和家里人一起去野营。

当自然智能比较强的孩子大一点时喜欢：

整理他们收集的东西。

照顾家里的宠物，并和它们一起玩。

在花盆或阳台上种花或是蔬菜。

在花园里干活。

参加更多的野营旅行。

对环境进行挑战(攀岩、极地生存等)。

在动物园、宠物诊所、或花园里做志愿者。

怎样发展幼儿的自然智能?

和其他的智能一样，发展是一种培养的功能；就是说，给予一定的时间和关注，就能促使它“成长”。当然，这并不是说，我们可以把一个孩子培养成为各个方面的专家；也不是说，给予关注之后，所有的孩子都能提高他们的所有智能。

和其他智能一样，培养孩子自然智能最好的方法就是，让孩子知道你

也一样喜欢大自然。喜欢摆弄花草和在户外过夜野营的父母,通常也会有喜欢摆弄花草和在户外过夜野营的孩子。给孩子一定的空间,让他自己创造和展示他在户外收集的物品,也会很有帮助。接下来的是,让父母和孩子一起互动,发展自然智能的一些建议。和其他一些发展智能的建议一样,有些适合于三岁的孩子,有些适合于五岁的孩子,还有一些操作中的必要提醒。

和别的智能相比,自然智能可能会涉及到一些不安全的因素,无论是在户外、在水边、或是和爬虫动物在一起,父母都需要警惕:孩子是否处于安全的环境中。在许多其他的环境中,父母则要确定,对孩子没有过度的保护。不要阻止孩子去学习一些新的经验,不要让事情朝孩子不愿发生的方向发展。

和孩子一起在户外,是一种帮助他们喜爱大自然的好方法。这适合于每一个孩子,对那些在充满沥青和混凝土的城市中长大的孩子来说,尤其重要。

观察季节变化所引起的大自然的变化,也是发展孩子自然智能的一个好方案。例如,选定一个公园或是一棵树,随季节转换观察它的变化。孩子可以把同一个地方、不同季节里的情景,拍成照片放在冰箱的门上或者墙上,观察这之间的不同。大一点的孩子可以间断性地写下或画下一些图画,来获取季节对树木影响的知识。

让孩子接近动物也很重要。无论是在家里养小的宠物(一只鸟或是一只乌龟),还是大宠物(一只猫或是狗),都可以为孩子提供和动物相处的经验,甚至孩子和动物足够熟悉的话,他们可以从动物的行为来推论出一定的结论。这也是自然智能中相当重要的一部分。

定期性地去动物园或水族馆,可以给孩子有机会熟悉不同的、甚至奇异的动物和鱼类。如果这种参观足够的话,对于孩子来说,不仅是观看到不同生命形式的娱乐;也会促使他们关注大自然的创造,仔细观察周围物理环境,以及人们行为的变化等。

无论是聚会、看书或者思考一个棘手的问题,父母都可以有意地利用

户外环境,让儿童发现大自然能以不同的方式展现。如果你这样做,重点是要告诉孩子,你需要在一个自然环境中解决问题。

在花园里干活的时候,给孩子明确一定的照护责任(如浇水)也是十分重要的。如果条件允许,在家里种植不同的花卉和植物也是不错的。

在乡村或者户外,野营可以让孩子享受户外的生活。这种环境的好处之一是可以放慢生活节奏,使人们有更多的时间反省和享受周围的环境。

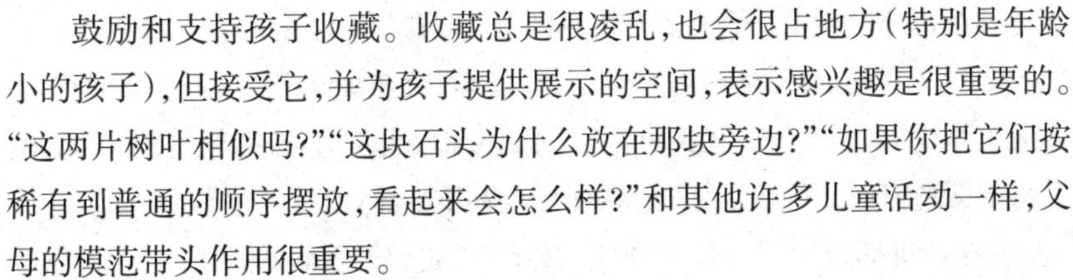

鼓励和支持孩子收藏。收藏总是很凌乱,也会很占地方(特别是年龄小的孩子),但接受它,并为孩子提供展示的空间,表示感兴趣是很重要的。“这两片树叶相似吗?”“这块石头为什么放在那块旁边?”“如果你把它们按稀有到普通的顺序摆放,看起来会怎么样?”和其他许多儿童活动一样,父母的模范带头作用很重要。

让孩子跳出苦学怪圈

很多家长、老师、学生抱怨付出了很大的努力,成绩却不见长进,甚至退步。其实这是一个科学用脑的问题,你要让孩子走出苦学、死学的怪圈,不妨在开发孩子潜能这方面下些功夫。实际上,那些学生是因为形成了固定的思考习惯,很难开辟创造性思路的结果。改变这种现状的有效途径不是说教、不是单纯地增加学习时间,而应是利用工具性的训练科学地开发大脑神经网络,开发大脑神经网络的最佳年龄是在6岁,而6~14岁是孩子形成良好思考习惯的关键期,训练孩子养成良好的、多角度的思维习惯是受益终生的。下面就针对初中生谈几点训练方法。

(1)几何题训练。做几何题的过程,学生头脑里发生的,实际上是将知觉的观察转化为可用言语表达的逻辑。天天坚持,定能产生灵感。

(2)左右脑的协调。训练一心不可二用说法也可辨证分析,有些学生边听音乐边学习,如果听的是有歌词的音乐或是自己喜欢的,那都是用左脑来处理的,肯定影响学习效率;如果换成无歌词的轻音乐,就是用右脑来处理的,对读文章用的左脑不产生干扰。同样的道理,我们还可以通过交替性的使用左右脑,来有效地增强我们的记忆力,提高学习效率。如:在进

行了语文、历史、地理、政治等文科学习后，就应让左脑休息一下，通过做几何题，让右脑工作起来，这能明显地提高效率。教学中创设的“大成运动教育法”，实践了老子的“含其胸，实其腹，弱其志，强其骨”的训练方法，使人在训练中，两手、两脚的配合达到完美的协调，遵循了“前后相随”的原始科学理念，思想放松，静中求动，细胞充氧，精神饱满，左右脑在积极的放松中达到高度协调，学生的内在潜能得以开发。济南外国语学校的赵睿同学是接受训练的学生之一，他经过9个月的训练，成绩由原来的800多名上升为150名，并产生了对自然和生物的浓厚兴趣，荣获山东省生物竞赛二等奖，完成了由学习的必然王国到自由王国的过渡，抽象思维活跃，心胸开阔，做人与成绩达到了“不期至而至，无为无不为”的自然而然的最佳状态。

(3)空间冥想学习。学习语文、政治、历史、地理等文科时，可以脱离课本，按整体脉络、重点章节、章节中的重点题型要点来分层次冥想，力争把书本读薄，此方法对女同学尤其重要，是对知识的空间的立体化训练。

(4)益智游戏。利用踢毽子、抓子儿、打陀螺、翻绳、折纸等传统游戏来强化上额叶运动区和负责视觉机能的枕叶的密切合作，随着这些活动的反复进行，大脑的这两个区域间的神经网络系统复杂程度逐步增加，人的判断、配合、空间等能力得到创造性开发。魔方、M扣、孔明锁、华容道、九连环、七巧板及各种拼塔也是极好的智力玩具。

还要因性施教。男女两性的大脑不仅在结构上有区别，在认知机能方面也有明显差异:女性擅长言语机能，男性擅长操作机能；男性偏逻辑，女性重直觉。为此，教育中应因性施教，男孩可以多进行辩论，提高他们的表达能力。如开家庭辩论会，家长进行充分准备，以保证辩论的质量；女孩多参加球类的体育竞技活动，提高空间感知能力，为学习复杂数学打下坚实的基础。

正确处理学与玩的关系，玩也是一种学习

家长最爱对孩子说的一句话是:“你就知道玩，不知道学习。”许多家长把孩子玩看成是一种“错误”。有的家长下班回家看到刚刚玩了一小会儿

的孩子，抛出去的仍然是那句话："就知道玩，不知道学。"接着就是："回家赶紧做功课去!"如果孩子说"功课做完了"或者"今天没留作业"时，家长马上会说："你不会好好看看书啊!"或者"你不会复习复习啊！""你再做点补充练习去!"总之，这些家长是把孩子玩当成"大敌"来对待的。有的甚至公开说："必须把孩子的时间都占领，叫他根本没有玩的工夫!"于是，孩子的下午、晚上时间全部被"占领"了，星期六、星期日的时间也全部被"占领"了。假如有一点空闲，家长还要见缝插针，非彻底"占领"不可。可怜的孩子，已经成了机器人了。

家长们为什么会这样?原因是社会压力造成的。你看，现在许多地方招聘人员，头一条准是文凭，没文凭难上难；你再看工资，许多单位，博士一个价，硕士一个价，本科生、大专生、中专生依次降下去。家长们认准了一条：不拿文凭，绝不罢休!拿文凭就得好好念书，就得拼时间和拼精力。玩自然是拿文凭的大敌了。

我们不反对让孩子好好学习，拿文凭，因为这是社会发展对人的素质的需要，我们反对不好好学习科学文化知识的行为。但是，要认识清楚，玩和学习是什么关系，是不是要学习好就不可以玩，是不是玩了就学不好，我们的回答是否定的。不让玩，只让学，反而不容易学好；科学地安排学与玩，对孩子成长更有利。

有一句话家长都知道："玩是孩子的天性。"这句话包含着这样的意思：如果不

尊重孩子的天性，就会限制孩子的发展，就会受到规律的惩罚。为什么有一位小学低年级的小女孩儿天真地问她的爷爷："爷爷，我什么时候退休啊？"孩子的负担太重了！我们做家长的不妨想一想，成年人需要不需要玩、爱不爱玩？当您痛痛快快地玩儿了一次以后，您的工作干劲儿、学习干劲儿是不是更足了？玩儿，使您愉悦了身心、开阔了视野，生理需要和心理需要都得到了一定的满足，于是您更珍惜工作与学习的时间了。成年人尚且如此，何况孩子！

人不是机器，脑子也有一定的弹性限度，年龄不同的孩子，其脑力持续运转的时间不一样。研究表明，人如果能够劳逸结合，科学用脑，其学习效率与时间成正比；如果脑子超常运动，疲劳轰炸，学习效率与时间成反比。哪一位家长没有这样的体会：长时间看书、思考问题，显得越来越笨，有时甚至麻木了。学习与玩儿是孩子两种互补性活动，相辅相成。玩可以放松身心，使脑子得到积极的休息，有利于下一步的学习。而且，长时间伏案学习，呼吸浅，供氧不足；进行身体活动，特别是户外活动，使人得到充分的氧气，脑子就更具活力。尤其需要强调的是，对于孩子来说，玩也是学习。跟小朋友一块玩儿，可以互相学习优点，可以学习怎样与人相处，提高交往能力，可以促进身心健康发展。许多玩儿的活动能够提高孩子的兴趣、爱好，发展孩子的特长。首创"进化论"的著名科学家达尔文，他的科学创造精神是从小时候喜欢玩儿昆虫、观察动植物变化开始的。孩子在玩儿的时候，动手的机会特别多，教育家告诉我们："孩子的智慧在他的手指尖上。"玩儿对发展智力很有好处。请家长想一想，如果您剥夺了孩子玩儿的机会，损失大不大？

现在问题是，一些孩子的确玩儿起来没玩够，难以控制，这该怎么办？

一方面，家长在认清玩与学的关系基础上，给孩子讲清道理，要求孩子该玩就玩，该学就学，自己订个玩与学的计划。如果因为玩儿而影响了学习，孩子应该自己对自己有惩罚的措施，家长积极配合，不能含糊。年龄小的孩子不会订计划，可能订得很满，家长要指导他修订，留有余地。

另一方面，家长要认真安排全家人一起出去玩的活动。每周一次或隔

周一次，全家人痛痛快快地玩一场。玩的时候不必提学习的事情，免得使孩子产生心理压力。

再有，指导孩子玩出水平来，玩出智慧来。比如，指导或支持孩子玩儿电脑；指导或支持孩子搞科学小发明、小制作；还可以指导孩子搞调查、养殖等。这样，把玩儿与学在更高的层次上结合起来，非常有利于孩子的健康发展。

最后，在玩儿中注意观察孩子，发现孩子的爱好特长，给以保护和鼓励，说不定这样是孩子走向成功的萌芽。

帮助孩子合理安排复习时间

复习的时间是相当重要的，根据遗忘的"先快后慢"的规律，父母应该让孩子及时复习，使所学知识得到有效的巩固。每天放学后，就应该让孩子复习当天所学的内容；每个周末可以让孩子进行小结性复习；一个单元学习完了，就进行单元复习。这样经常性地复习可以让孩子及时巩固所学识，避免临考前的突击。

单元复习是比较重要的复习，达到对知识透彻理解、牢固掌握、灵活运用的目的。进行单元复习时，重点要领会各知识要点之间的联系，要抓重点和难点，并使知识系统化、结构化。

当然，复习时间不能过长，反复的次数也不要过多，不然会造成孩子产生厌倦的情绪，影响复习的效果。复习的时间应该合理安排，做到抓住重点和难点问题，兼顾其他问题；同时，让孩子交叉复习文科和理科，这样，可以让孩子有张有弛，提高复习效果。

采用恰当的复习方法

按照遗忘先快后慢的规律，孩子在记忆或学习了一些内容之后，应在当天或第二天抓紧一切可以利用的时间和机会复习。因此，首先应该要求孩子及时复习，避免知识很快被遗忘。

具体的复习方法有很多，包括阅读、背诵、做各种各样的练习。

值得注意的是，不同的科目应该采用的复习方法也是不一样的，应该让孩子针对不同的学习内容采用不同的复习方法。例如对于整体性、连贯性较强的内容可以采用集中复习的方法，即把所学的内容放在一起复习，比如英语的语法，语文的语法规则等；对于内容比较分散，连贯性不强的内容可以采用分散复习的方法，比如语文的词语、英语的词汇记忆等；对于思考性较强的内容可以以习题的形式加强巩固，比如数学、物理等。

同时，要让孩子学会根据具体条件采用不同的复习方法。比如在一段较短的时间内，可以运用分散复习的方法，学习一些连贯性不强的内容；如果时间和环境比较好，没有干扰，就可以对整体性、连贯性较强的内容进行复习。